KAMINOGE 99

Cover PHOTO : [illegible]YOSHI TAIKOU

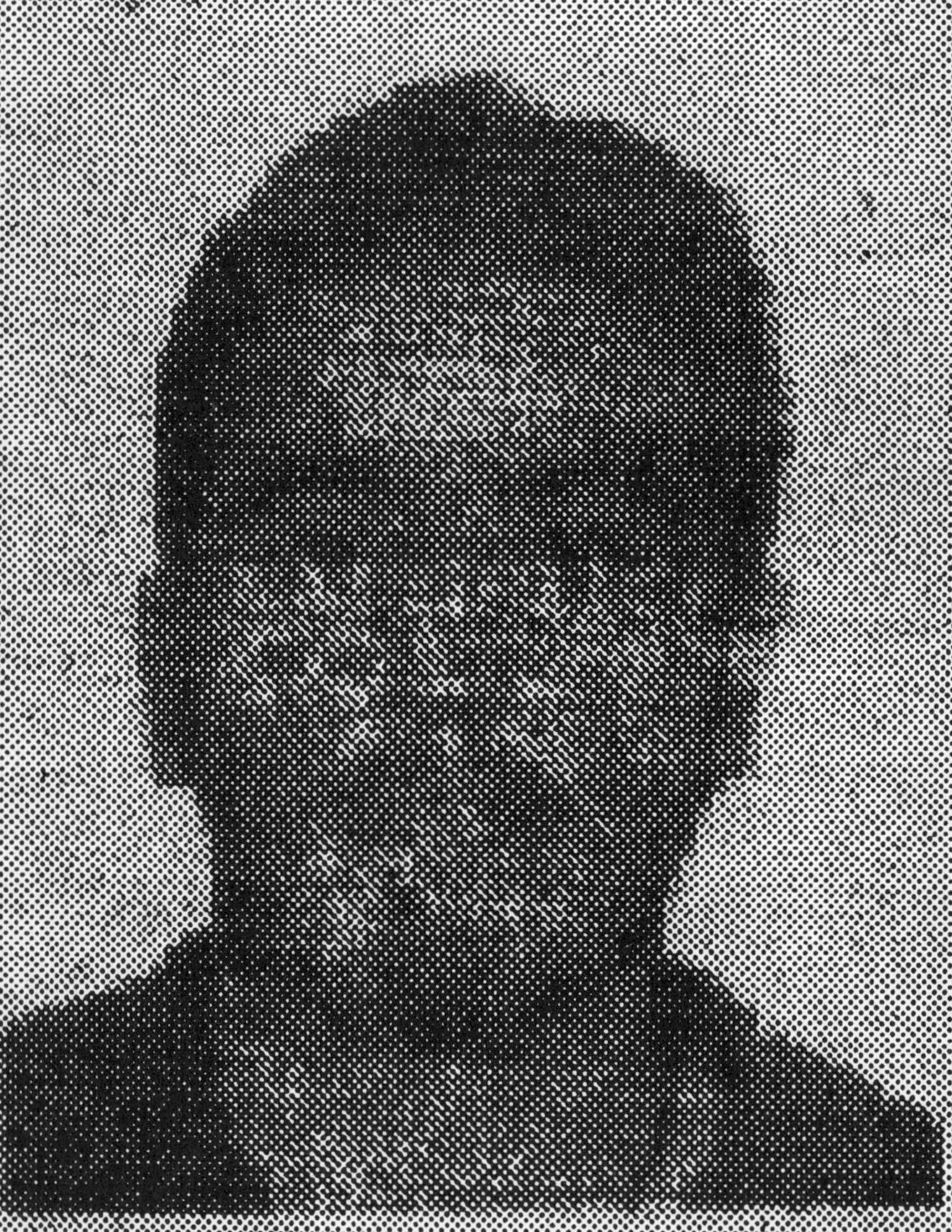

DISCO
ES
CULTURA

迷わずゆけば、その道の門番!!

人生に花が咲こうと咲くまいと、生きていることが花なんだ。
とりあえずやってみた、ただ闇雲にやってみた。
その一足がやがて道となった人を紹介するコーナー。

取材・構成：ビーバップみのる

第26回『特殊カウンセラー』

「愛情とか食欲とか仕事とか、リーガルで没頭できる対象に時間を積み重ねる努力でしかやめる方法はないですね」

〝特殊カウンセラーの門番〟こと近藤さん（仮名・55歳）
1965年生まれ、東京都出身。
好きな食べ物：お蕎麦

「カラダからクスリを抜くために私と2週間一緒に過ごします」

――先生は「ハードドラッグをやめさせるカウンセラー」という特殊な仕事を20年近く続けていらっしゃるんですよね？　そのハードドラッグをやめさせるカウンセラーというお仕事について、そして先生がどういうつもりなのかを聞きに来ました。

近藤　言えないことが多いから大した話にならないと思いますよ。

――大した話にならないですか。

近藤　ならないと思いますよ。取材料だって安いでしょ。

――3000円とお蕎麦です。

近藤　じゃあ、3000円とお蕎麦代分の話はしますよ。

――お願いします。

近藤　私がクスリをやめたい患者さんに最初に提案するのは「世捨て人になること」

です。

――世捨て人。

近藤　はい。それまで関わりのあった社会からいったん姿を消すってことです。いままでと同じ環境にとどまったままやめるのは難しいですから違う環境に身を置いたほうがいいです。温泉旅行だったり、お金に余裕があればチベットやエルサレム、エジプト、インドといった宗教的な土地を旅行することを勧めます。違う環境に身を置いて気を紛らわせながら、これから自分が大切にしたいモノについて考える時間を作ることを勧めています。

――旅行に行くお金がない人はどうしたらいいんでしょうか。

近藤　読教したらいいです。イスラム教がいいでしょうね。〝コーラン〟はハシシの吸引を禁止していないですからね。覚醒剤よりはソフトでしょ。ハハハッ。

――笑っていいんでしょうか。

近藤　笑っていいですよ。薬物をやめないなら日本を出たほうがいいですよ。薬物を嗜むには日本は住みづらいですから。

――先生が薬物依存のカウンセラーとして大事にしていることってなんでしょうか。

近藤　薬物依存はソフトランディングじゃないと治らないってことですかね。

――ソフトランディング。

近藤　依存症の方にとっては「ダメなものはダメ」っていう法律や倫理観だけで向き合われることは苦しいんですよ。どうして苦しいかわかりますか？

――返す言葉がないからですかね。

近藤　相手が自分の気持ちを理解しようとする気持ちがないことに対する寂しさです。寂しいって苦しいじゃないですか。不謹慎に思われるでしょうが、クスリなんてポジティブな感情がないとやめられないんですよ。クスリをやっていることは他人から見ればネガティブですが、本人にしてみたらクスリをやめることがネガティブなことなんです。だから私は患者さんがクスリが好きなことを認めたところからカウンセリングをスタートしています。

――先生がやっているハードドラッグをやめさせるカウンセリングとは具体的にどんなことをしているんでしょうか。

近藤　カラダからクスリを抜くために私と2週間一緒に過ごします。

――2週間。

近藤　はい。感覚の話ですけど「ふと気づくとそこにクスリがある」というのが中毒状態ですから、ふとした間を作らせないために私と2週間一緒に生活してもらいます。

――2週間ずっと一緒ですか。

近藤　そうですよ。依存症の人にとってクスリは無意識に入り込んできますから。

――無意識。

近藤　遠くに置いておいたはずなのに気づいたら近くにあるって感覚です。

――それは自分で近くに持ってきているんですよね。

近藤　そうですけど、自分で持ってきたという感覚じゃなく、ふと気づくと近くにあるって感覚なんです。そういうイメージなんです。理解できないでしょ。

――はい。

近藤　経験した人にしかわからない感覚があるんです。ふと気づくとそこにあるっていう方とは24時間一緒にいないとダメなんですよ。

「クスリをやめるなら性欲に向かっちゃダメですよ」

――2週間一緒にいて何をするんですか。

近藤　私と患者さんで「やめないとね」という方向で2週間顔を突き合わせて対話をするんですけど、私も薬物に依存していた時期があるので使用する気持ちと状況が想像できるので「気持ちよかったでしょ」とか「やめる前にもう1回だけやってみる?」とか「気持ちよくなることがどうしていけないのかね」みたいな方向での対話から始めます。2人で境界線の話をざっくばらんに延々とするんです。

――境界線。

近藤　これからやめるんですが、やっていたときの話を飽きるまでして記憶の中のクスリを吐き出すんです。一度で全部吐き出すことなんてできませんから、対話に疲れたら2人で映画を観に行ったり、ごはんを食べたり、散歩をしたりしてとりとめのない時間を過ごしながらいろんな話をします。

――強い意志でクスリを断ち切らせるって感じじゃないんですね。

近藤　意思ではクスリに勝てないですよ。経験がない方にはわかりづらいでしょうが、クスリに勝つという感覚ではなくてクスリから距離を取るという感覚なんです。ただ、クスリから距離を取るには代替えとなる何かが必要になるんです。

――代替え。

近藤　はい。クスリは単なる欲なんです。それも突出した強い欲なんです。強い欲を経験してしまった人が強い欲の代替となるモノを見つけるのは凄く難しいんです。突出した欲に対する代替えが何かってことを患者さん自身で見つけてもらうために2週間対話をするのが私の仕事なんです。

――大変な仕事ですね。

近藤　いやいや、カッコつけて言いましたけど、一緒に酒を飲んだり、ご飯を食べたり、散歩したり、映画を観たり、温泉に行きたい人とは温泉に行ったりってことを患者さんの希望に合わせて2週間のプランを立て、クスリを抜くお手伝いをしているってだけです。私は患者さんがこれから何を大事にしたいかを考えるための鏡になっているだけなんです。大半の時間は雑談ですよ。

――2週間の中で気をつけていることといえばなんでしょうか。

近藤　患者さんから目を離さないことと性欲に結びつく場所から遠ざけるってことですね。

――性欲はダメですか。

近藤　性欲とクスリは相性抜群ですから近づけちゃダメですね。クスリをやめるなら性欲に向かっちゃダメですよ。クスリをしっかりと抜くには順序があるんです。まずはドラッグへの欲をお酒やおいしいご飯を食べる欲に変えるみたいな感じで、釣り合うモノを用意しないとムリなんです。ソフトランディングです。代替えになるモノがないとやめられないんです。いちばん効果があるのは愛情ですよ。やっぱりカミさんの手料理とか子どもの笑顔がいちばんの代替えになりますよ。そことの関係を持続させていきたいという気持ちを持ち続けることがいちばん効果があります。愛情とか食欲とか仕事とかリーガルで没頭できる対象に時間を積み重ねる努力でしかやめる方法はないですね。

――聞くのがだいぶ遅くなったのですが、

先生はどうしてこのお仕事をするようになったのでしょうか。

近藤　若いときに介護職をやっていたんですけど、介護を受ける側の人は自分と年齢が近いほうがいいんだろうなと思ったんですよ。

——どうしてですか。

近藤　当時の私は老いることの気持ちがわからなかったんです。気持ちがわからない相手に介護されてるほうは気を使うじゃないですか。私、そういうところ敏感なんですよ。相手がリラックスしていないことに凄く気を回してしまう性格だったので苦しかったんです。

——当事者の気持ちがわからなくても配膳したり、入浴のお手伝いをしたりできるんじゃないですか。

近藤　できますけど、気持ちよく働きたいじゃないですか。で、10年くらいで介護の仕事は辞めまして、そのあといろいろあってハードなドラッグにハマりましてね。で、捕まりました。

——うー。

近藤　捕まったあとにもの凄くヒマをしていたら、怖い人から「クスリを抜きたいヤツがいるからそいつの面倒をみてくれないか」って頼まれましてね。

——怖い人。

近藤　深く聞かないほうがいいですよ。

——はい。

近藤　で、クスリを抜きたい人とホテルで10日間一緒に過ごしたんです。クスリから遠ざけるための監視役なんですけど、おしゃべりをしたり、一緒にお酒を飲んだり、ご飯を食べたり、映画を観たりってことをしながらずっと一緒にいたんです。私自身もクスリで酩酊する快感もクスリから距離を取ることのツラさもわかりますから、そういう方と一緒に過ごすと互いに同調できる部分が多分にありましてね。楽しんでお世話ができましてね。私自身もクスリから距離を取れますからこれを仕事にしたいなと思いましてね。怖い人に「またお願いします」と頼んだら、ちょこちょこ頼まれるようになったという経緯です。これ以上は聞かないでください。

——最後にお聞きしますが、先生はカウンセリングを受けた患者さんがふたたびクスリをやってしまったらショックでしょうか。

近藤　それほど重みを感じるような仕事じゃないですよ。私自身、やめることが簡単じゃないことを身をもって知っているので誰に対しても「やめられないだろーなー」と思っているのでショックは受けないですよ。

——でも、やめられた患者さんを見たら嬉しいですよね。

近藤　そりゃあ、嬉しいですよ（ニッコリ）。

——先生、今日は『裏モノＪＡＰＡＮ』みたいな話を聞かせてくれてありがとうございました。

俺の人生にも、一度くらい幸せなコラムがあってもいい。

第98回『プロレスラーはSNSで何を見せているのか』

プチ鹿島

『プロレスラーは観客に何を見せているのか』（TAJIRI著・草思社）が話題だ。まずタイトルがいい。プロレスファンのスケベ心を突いている。私はいまだにプロレスとは何かわからない。観客だから当然だ。そんなところへこのタイトルを見せられたら食いつくに決まっている。ありがとう、TAJIRIさん。

それにしても読んだら驚いた。この本を書いたきっかけはTAJIRIがツイッターで「プロレス論」的なつぶやきをしたら反論がきたのだという。誰から？　一般のファンから。えーー！

プロレスの当事者に反論する一般のファンという構図に私はめまいがした。信じられない……。私生活のツイートならともかく「プロレス論」ですよ。プロのそれぞれの考えを受けとめるのがファンの態度でしょう。しかしTAJIRIは偉かった。それならちゃんと本に書いてみようと思ったという。素晴らしい受け身だ。

それでも本の後半にはこんなくだりがある。

《少し前、SNSに「本当のヒールは嫌われることを恐れない」と書いたら、すぐにこんなリプがいくつも書き込まれた。

「それでは商売になりませんよ」「オファーがこなくなりますよ」》

またしても頭がクラクラしてしまった。わかったからもうやめてくれ。

プロレスに学んだことはいくつもある。そのひとつに「真実を知っていると浮かれることは決してせず、真実らしきものをただ探求するだけ」という態度だ。これはプロレスファンだからこそ学べた。観客はリングの中の真実なんてわからないし、わかるわけがない。だから真摯になるしかない。

人間は自分が見たものは絶対に思えてしまう。しかしその風景はリングで言えば東西南北のひとつの方角であって、反対側から見たらまったく違う風景がある。となると自分の考えは正しいのか慎重になる。それは「情報」への接し方も同じことだと気づく。たとえば私の子どもの頃のプロレス情報はいまよりも限られていたからこそ、同じ事件でもいろんな角度からの証言を読むのがたまらなかった。読み過ぎてむしろ「真実」がわからず悶々としていた。

しかしＳＮＳの登場により、一見無駄に思える熟考や溜めはいらなくなった。なんならすぐに当事者にぶつけることが可能となった。あえて言おう、もったいない！当事者にクソリプを送るより心の内で悶々としていたほうがいい。その粗い感情は時間をかけるほどろ過されて、いつか自分だけの「論」に整っていくだろう。

ＴＡＪＩＲＩは粗い人に読まれてもいいように『プロレスラーは観客に何を見せているのか』では丁寧に慎重に、時には大胆に筆を進めていた。まるで誰に観られても満足させる試合運びを心がけているかのようだった。それでもあくまで「一個人の」「現時点での」プロレス論であると書いていた。自分の考えでさえもひとつにすぎないという態度。さすが世界でも通用した日本人メジャーリーガーである。

ここまで読んで「プロレスラーとＳＮＳ」について、ＴＡＪＩＲＩだけでなくほかのレスラーも頭に浮かんだ方もいるだろう。最近で言えば長州力とＫＥＮＴＡだろうか。両者は対照的だ。長州は「呼びかけ」という独特な使い方からツイッターでも革命戦士となった。ギスギスした世界にファンタジックな存在となった。一方のＫＥＮＴＡは内藤哲也とのタイトル戦までツイッターというリングでも闘っていた。こちらは殺伐としたツイッターを逆手に取り、クソリプすら自分の栄養にした。見事であった。

ＫＥＮＴＡのツイッターからはいろいろ考えることができた。たとえばブーイングのようなリプライはむしろＫＥＮＴＡにとって「いいファン」だったかもしれない。全力でプロレスを、ＫＥＮＴＡを見ている証拠だからだ。

私が注目したのは結果的にプロレスを軽視していることを丸出しした人のリプライである。「どうせ次の試合の結果は～だろ？」とか、自分はプロレスのすべてを知っているという謎の勘違いを発露させているもの。これは正真正銘のクソリプである。ＴＡＪＩＲＩのプロレス論に反論する手合いと同じだ。ＫＥＮＴＡのツイッターはそれぞれの「態度」を浮き彫りにしたのである。

ＳＮＳはプロレスラーがさらに化けるためのツールになった。言ってみれば『プロレスラーはＳＮＳで何を見せているのか』という時代になったのだ。試合への導線にするのもよし、食事をひたすらアップするのもよし、家族とほっこりしてリングとのギャップを見せてくれるのもよし。ファンはそれぞれの世界を楽しむ。ＴＡＪＩＲＩのようにビジネスに変えることだってできる。たしか新日本プロレスは選手にＳＮＳをやるよう奨励していたはず。さすがだ。

ＳＮＳとプロレス。そこでも問われるのは「観客」である我々である。いくら身近に感じられるようになったからと言って、不用意で馴れ馴れしい態度は観客失格だ。超えてはならない一線はある。ＳＮＳではファンタジックな長州だってそのうち叫ぶかもしれない。

「またぐなよ」と。

プチ鹿島（ぷち・かしま）1970年5月23日生まれ。芸人。
テレビ朝日系『サンデーステーション』（日曜午後4時30分～）レギュラー出演中です。

本誌と〝同期〟のスーパースター。人生なんてまばたきしてる間に終わるから、ずっと飛んでくぜ!!

中邑真輔

［キング・オブ・ストロングスタイル］

「たとえ停滞していても、どこかに出口を探そうとしていることが〝生きる〟ということなんだと思います。自分の人生の価値は自分で決めるしかない。誰かの評価で決まるものなら、それは自分の人生ではないと思う」

収録日：2020年2月15日
撮影：タイコウクニヨシ
聞き手：井上崇宏

OSHU
KI

「2011年。頭を思いっきり刈り上げ、真っ赤なレザーのライダースを持ってメキシコに飛びましたね」

——今日は『KAMINOGE』の創刊号を持ってきたんですよ。

中邑　おおっ、懐っ。

——2011年12月に創刊しまして、今回で99号なんです。

中邑　99号！　続きましたねえ。ホントいつも楽しませてもらってますよ。

——その2011年という年は、3月11日に東日本大震災が起きてしまい、それが中邑真輔にとっても大きなターニングポイントになったという。

中邑　そうなんですよね。ボクにとって2011年は……。G1で優勝した年でもありますしね。

——あの震災で中邑さんは死というもの、生きるということを真剣に考えたということですけど。

中邑　それ以前にも親父の死とか、親しい人の死からそういうことを考える機会はあったんですけど、あそこまで……すでにプロレスで日本全国を回っていて、地方にも友人や知り合いがいっぱいいるなかで、あんな一瞬で多くの人たちがいなくなるものかと。あのことはその後の自分の考え方にもの凄く影響を及ぼしたと思っていますね。

――「自分もいつ死ぬかわからない」。思い返せば、関東でもずっと余震が続いていたじゃないですか。「これはまた大きいのが来るかもしれない」っていう不安と恐怖に駆られながら生活をしていましたよね。

中邑　っていうのはありましたよ。当時、ボクは海の近くに住んでいましたけど、関東であっても川の水が引いたんですよ。それで「ひょっとして津波が来るんじゃないか」って家に帰ってテレビをつけたら、こっちでも津波警報が出ていたんですよね。結局、幸いにも津波は来なかったんですけども、そういうどうしようもない緊急事態。どうしていいのか誰もわからなかった。

――そんな状況からまもなく、5月からメキシコ遠征に行くんですよね。

中邑　メキシコに行く直前にニューヨークで試合があったんですね。インターコンチってベルトができて、そこで初代王者を決めるというトーナメントをやっていたと思うんですけど。その遠征を終えて一度日本に帰ってきて、メキシコに経つ直前に頭をモヒカンっていうか思いっきり刈り上げたんですよ。「こっから気合いを入れよう、全部を変えよう」と思って。そして真っ赤なレザーのライダースを持ってメキシコに飛びましたね。それで行ってみたら、メキシコ人はみんな同じような髪型をしていたっていう（苦笑）。

――変えたつもりが現地に寄せていっちゃってた（笑）。

中邑　「あれ？」と思って（笑）。あの当時はメキシコにナマハゲがいたので、試合のない日はナマハゲを連れ回して一緒にメシを食いに行ったり、美術館に行ったりしていましたね。それで部屋にひとりでいるときなんかは、自分のキャラクターというものについて考えたりしていて。まったく戦略的ではない、自分の感情に流されるままにキャラクターを作っていって。いや、「作っていった」とは言い難いな。何か引っ張られるように追求していった感じでしたね。

――プロレス史においては、メキシコは長州さんしかり、中邑さんしかり、あとは内藤哲也さんしかり……。

中邑　（高橋）ヒロムにしろ。

――一様にメキシコ遠征で大きくチェンジして帰ってくるわけですけど。メキシコという国にはいったい何があるんですか？

中邑　メキシコに何があるか？　うーん、パッと思いつくのはやっぱり文化が違う、かけ離れているってところと、その独特の文化の濃さ。日本から遠く離れていること、英語圏でもないことかな。そこで自分自身を見つめる時間が多いと、自ずと大なり小なりの変化は生まれるでしょうね。それがたとえばアメリカとかだとある程度の予想がつくじゃないですか。いまアメリカに住んでいて気づくことは、アメリカも日本とは考え方とかが違うので、アメリカでもそういう変化をすることができると思いますし、とくにニューヨークやロサンゼルスといった都会に行けば、芸術的なものとかからの刺激はバシバシ来ると思うんですけど、メキシコってそれがあらゆる場面である。つまり国自体が濃いんですよ。

——五感に刺激を受けさせられる国。

中邑　そうですね。人も街並みも文化もアメリカとはまったく違う。ルチャ・リブレの世界に飛び込めば、そこにいるヤツらは皆ハングリーだから、親族のコネでルチャをやってる、チャンスがもらえているってのもいるけど、そうじゃないヤツのどうにかしてきっかけを掴もうとする姿勢はハンパない。たとえばマスカラ・ドラダのように運動神経だけでのし上がってきたヤツとかもいる。試合に上がれる、上がれない、アレナ・メヒコに出場できる、できないというのは生活できるかできないか、生きるか死ぬか。そういう環境で育まれたハングリー精神というものを当たり前のように感じとることができる国なんですよ。それはもう否応なしに伝わってくるものですから、そこで揉まれてしまうと影響を受けないほうがおかしい。いまのようにインターネットや携帯電話がある時代だったらある程度の逃げ道というものがあると思うんですけど、長州さんやライガーさん、その他もろもろのレスラーが行っていた当時は、衛生環境なども含めて、それはそれはハードコアだっただろうなと。そこでの苦労を考えたら、日本である程度の苦労があったとしても屁でもないだろうなっていうのは感じますね。時代も変わってきているから、いま、それぐらいの変化がほしいとなるとまた違うところを探さなきゃいけないのかもしれないですけど。

「WWEに入ってもう3年と半年が経つんですけど、もちろん初期のフレッシュさはもうないです」

——この創刊号の甲本ヒロトさんのインタビューで聞き手の私がとてもいいことを言ってまして（笑）。「海を渡ると人は心がリセットされる」っていうオーバー・ザ・フェンス理論なんですけど、中邑さんの場合はそれをいま1年じゅうやっているわけですから、たぶんもうおいそれとリセットはされないですよね？（笑）。

中邑　そうですねぇ（笑）。ボクが新日本プロレスに入って、デビューしてすぐにアメリカに飛んだじゃないですか？　あのときに受けたカルチャーショック、あの感覚をまた味わいたくて。だから若い頃は海外に行くたびに危険なところに行こうとしたりとかしちゃってましたね。たとえばブラジルに行ったらひとりだけ現地に残ってファヴェーラ（スラム、貧民街）に行ってみたりとか、イタリア遠征でもひとり残って買い物に行ったりとかしていましたけど、思い返せばそういう刺激で自分に変化をもたらしたい、あのカルチャーショックをもう一度味わいたいという思いが常にありましたよね。新日本がゴタゴタしているときに、海外でひとり格闘技の練習をしなきゃいけない時期とかも、その状況をもの凄く俯瞰で見ていて、内にいるときと外にいるときの両方の感覚を味わっていたので、そういった刺激の重要性はもの凄く感じていましたから。俯瞰で自分の

状況を見るクセがついたのは、一度海外に出てみたことがきっかけでしたね。

――中邑さんがいわゆる海外志向だっていうのは、そういった刺激を受け続けることが目的ですよね。

中邑　行ったことのないところに行ってみたい、やったことがないことをやってみたいっていう。それも大きく括れば「人生、一度だけだもんね」っていうのはあると思いますね。

――そこですね。だから今日は最近読んだ長州さんの著書（『逆境？　それ、チャンスだよ　挫けそうになっているキミに贈る47の言葉』・PHP研究所）も持参してきたんですけど、まあ、おそらく全体的な編集の意図としては「（笑）」なんでしょうけど、この中に「お前ら、人生なんてまばたきしてる間に終わるぞ。」って書いてあって、これは妙にくるなあと思って（笑）。

中邑　そうっスね。ホントに（笑）。長州さんってそうですよね。本当にいい時期があって、めっちゃ悪い時期もあって、「WJ、どうなってんだ」って信頼を全部失い、そこからまた盛り返して現在があるっていう。ローラーコースターのような、すさまじいなと思いますよ。いま、すげえ幸せそうですもんね。

――幸せでしょうね。

中邑　いいときも悪いときも、ずっともがいていたんだろうなって思いますよね。その状況状況で生き抜こうとしたからこそいまがある。いろいろと小難しいことを考えていたわけではないんでしょうけどね。

――そういう意味では、いくつになってもガツガツしていますよね。

中邑　そうですね。たとえ停滞していても、どこかに出口を探そうとしてるっていうのが「生きる」ということだろうなと思います。そりゃ、すぐに結果が表れてスイスイ前に進めりゃいいですけど、そう簡単には事は進まないだろうし、だからと言って人と比べるものでもないだろうし、自分の人生の価値は自分で決めるしかないだろうから。誰かの評価で決まるものなら、それは自分の人生ではないと思う。だから『KAMINOGE』の99号到達も、1回まばたきする瞬間の出来事ですよ（笑）。

――アハハハ。２０１１年に誕生したニュー中邑真輔と『KAMINOGE』、つまり我々は同期なんですよ。

中邑　同期！（笑）。

――完全に同期でしょ（笑）。

中邑　お世話になってますよ、ホントに（笑）。

――正直、いまWWEにいること自体は、以前ほどフレッシュな気持ちではないですよね？

中邑　そうですね。WWEに入ってもう3年と半年が経つんですけど、もちろん初期のフレッシュさはないです。それはWWEのファンからしても中邑真輔に対するフレッシュさというのはもはやないでしょうし。ボクの一挙手一投足に、いままでになかったものを見る驚きっていうのはなくなったでしょうね。それはある種、「WWEの一部にはなった」ということだと思うんですよ。いま、毎週試合があって、テレビに出て、アメリカでの生活も含めてＷＷＥに所属するということにやっと慣れてきたんですよ。最初から「これが普通だ」と思ってずっとやってきてはいましたけど、やっぱり絶えず神経を集中している部分、緊張している部分はありましたから。いまでこそ当日に試合会場に行って、その日に自分は試合があるのかないのかを知り、試合直前になって内容がガラッと変わったり、もしくは試合中に計画が変わるっていうことなんかも普通に受け入れることができている、対応ができるようになっていますね。だから当初はピリピリしてましたよね。「まあ、大丈夫だよ」と思ってはいたけど、いまはその「大丈夫」の種類がだいぶ変わったなとは思いますね。

——予測不能なことが刻一刻と起こることがベーシックになったということですね。

中邑　そうですね。ＷＷＥは、テレビに関して言えば基本的に生放送じゃないですか。だからショーのトータルの時間から自分たちに与えられる時間というのが決まってくるんですけど、そこもある程度は変更されるという想定で、急きょ持ち時間が増えたり減ったりするってことを頭に入れながら、Ａプラン、Ｂプラン、Ｃプランくらいまでを考えてから試合を進行させるということがもう当たり前になってきましたね。

——試合中でも。

中邑　新日本プロレス時代、もしくはＷＷＥ以外で試合に挑む感覚とはまったく違う。それもなんとなく勢いでやっているうちはいいんですけど、だんだんと慣れてくるというか、ＷＷＥの水に合わせることができるようになってくると、その違いがよりはっきりとわかりますね。だけど、お客さんからすれば「でもプロレスはプロレスでしょ」っていうその一括りで済むとは思うんですけど、中にいる人間からすると評価のされ方についても、自分自身の試合に対する評価の仕方と、まわりが見る評価の仕方は「ちょっと違うんだよね」っていう感覚はありますね。

「海外で活躍している日本人の若い子たちを見て『俺もがんばらなきゃな』って思えるくらい、おっさんになってます」

——ＷＷＥと非ＷＷＥとでは、まったく異なることをやっていると。

中邑　だから新日本時代の試合の評価のされ方と、ＷＷＥでの試合の評価のされ方は本当だったら違って当然なんだけど、プロレスというジャンルにおいてはどちらも同様に見られるから、たとえばレスリング・オブザーバーとかも同じ目線でファイブスターマッチとかって試合に点数をつけるんですけど、「いやいや、まったく違うレギュレーションでやってるんだけど」って思ってしまいますね。そこはどう説明してあげたらいいのかわからないですけど、違う土俵でやっているんだといえばいいのかな。

――たとえば新日本の試合を観ていて、否定的な意味でも肯定的な意味でも「いや、WWEかよ」というファンの言葉があったりするじゃないですか。でも、そのシーンだけを切り取って「WWEっぽい」とは言えないってことですよね。

中邑　そうそう。だからよく「新日本がWWE化してる」って言われていますけど、「まったく違うと思うよ」っていうのがボクの個人的な意見ですけどね。ファンの気質も違えば、国の文化や国民性もまったく違う。WWEが世界戦略を打っているとはいえ、基本的にWWEネットワークの視聴者数もアメリカがメイン。やっぱりアメリカ人はほかの国に合わせるようなことはほぼしないと思うんですよね。

――「アメリカ=世界」だと思っていますよね。

中邑　そう思っていますね。それはいい意味でも悪い意味でも。だから一時的に日本人がWWEで活躍するっていうのはある種、短期的な成功は得やすいと思いますけど、より長く活躍しようとしたら、アメリカの文化、アメリカ人の気質というものを深く理解していかないといけないと思っていますね。やっぱり生活しているとなかなか違いますよ。メディアじゃ知る由もない生のアメリカに「えーっ!?」ってなりますよ。「マジか!?」って思わされっぱなし（笑）。

――ちょっとわかりづらいんですけど（笑）。

中邑　なんだろう？　たとえば教育システムからして違うし、算数の教え方、プロセスも違う。アメリカでは宗教というものを凄く大事にしていて尊重される。病院に行けば初診の問診票の最後に宗教上の理由で治療を受けないことがあるかどうかや、薬の摂取においても是か否かを問われる。ナショナリズムはあって当然。国歌斉唱、国旗掲揚は当たり前。仕事においてはファミリーファースト。住めば住むほど、入り込むほどに日本との違いを多く感じますね。だから表面的なものじゃなくて感覚からして違うから、言葉の違い、感情表現の仕方の違い、挙げたらきりがないけど、しかもそれが一定じゃないんですよね。地方によっても違うだろうし、人種にしてもアメリカ人はアメリカ人でもラティーナなのかヒスパニックなのかとか、アジア系なのか白人なのか。白人だとしてもヨーロッパ系なのかどうかとか。そこを気にし始めたら、それこそ宇宙ですけど。それでもすべての人に響く何かを見つけたいし、それを提供したい。

――「感覚からして違う」っていうのはなんとなくわかりますね。だから洋楽の日本語の訳詞を読んでもまったく意味がわからないってことってけっこうありますよね。「これ、日本語に

中邑真輔(SHINSUKE NAKAMURA)
1980年2月24日生まれ、京都府峰山町出身。WWEスーパースター。
高校よりレスリングで鍛え、青山学院大学卒業後に新日本プロレスに入門。2002年8月29日、安田忠夫戦でデビュー。当時、新日本の格闘技路線の申し子として総合格闘技に参戦する一方、2003年12月に最年少でのIWGPヘビー級王座戴冠を果たす。2016年1月に新日本を退団して同年2月にWWEと契約して渡米。WWEでは本名＝リングネームで登場をして、2018年のロイヤルランブル優勝やレッスルマニアでのWWE王座挑戦などを経て、現在も活躍中。

なってないよ！」みたいな（笑）。

中邑　そうなんですよ。だから英語で理解しないと本当の理解はできないっていうところもありますよね。ボクはずっと英語を勉強していますけど、いまだに初めて気づくこととかってありますよ。「この言い回しはこんな意味だったのか、普通に違う使い方をしていたな」とか。

——さっき、「一時的な成功ならば簡単に収めることができるかもしれない」とおっしゃいましたけど、そこで求められるのはやっぱりオリエンタルであることの価値じゃないですか。そこから先のステージでは、また違う闘いになってくるってことですよね。

中邑　もういろんな闘いがありますよ（笑）。だって海外旅行で来るくらいならそんな苦労はないですからね。だからいいこともあるけど本当に大変ですよ。

——今年のアカデミー賞で特殊メイクの辻一弘さんっていう日本人が賞を獲られましたけど、実際にアメリカで生活をしているアジア人にとってみたら、それがどれだけの偉業なのかっていう。そこを日本に住むボクらは、わかっているようでわかっていないでしょうね。

中邑　ホントに凄いなと思いましたよ。尊敬しますね。前もどこかで言いましたけど、いま海外で活躍する日本人の若い人たちのことも「すげえな！」と思いますね。大坂なおみさんや八村塁くん、サーフィンの五十嵐カノアくんやスケボーの堀米雄斗くんとか。ボクががんばって、がんばって、やっとここまで来たかなと思っていても「なんだ、こんなの屁でもねえか」ってくらいにバーンと来ちゃってるから。

——いまは若けりゃ若いほど強いですよ。生まれたときからインターネットで世界とつながってるんですから。

中邑　そうですよね。だから逆にそういう若い人たちに憧れる部分は出てきましたね。「俺もおっさんになったんだな……。チキショー！」って思いながら（笑）。そういう若い子たちを見ていると「俺もがんばらなきゃな」って思えるくらい、おっさんになってますね。

——それはいい刺激ですよね。だって彼らの親とのほうが年齢が近いくらいですから。

中邑　あー、嫌だー（笑）。でもジャンルも違うし、純粋にいい意味で刺激をもらえますよね。自分ももうちょっととんがらなきゃっていう。彼らの存在が、いままでやってきた中邑真輔のことを忘れさせてくれないというか、いまの自分と照らし合わせて思い返させてくれますね。

——今年40歳ですか？

中邑　もうすぐ（2月24日）40歳です。でもまだまだ行くつもりです。おかげさまで身体に関しては、ほぼ故障がないまま来ていますから。手術も一度もしていないから体力面ではまだまだ自信がありますね。トレーニングもトレーナーをつけてやっていますし、体調管理もいまはもの凄くうまくいってます。

「戦場として選んだからにはそこで生きるしかない。なかなか窮屈な中で自由を求めてもがいてますよ」

——まだまだやれる限りやっていくって感じですか？　自分のなかでの人生設計があるわけではなく。

中邑　そうですね。もっとこういう時間があってもいいだろうっていうか、「ずっともがいて生きよう」とは思っていますね。現状は活躍していないといえば活躍していないって言われるだろうし、活躍してるといえば活躍してるとも言えますけど、いつも状況に満足はしないでやってきた。振り返ってみると、タイトルマッチをバンバンやってるときとか、ロイヤルランブルで優勝してレッスルマニアまでの時期とかも、それはそれでもがいてましたし、いまはいまで、よりいいものを提供できるように、刺激を受けられるようにともがいてますね。だから至るところから努めて刺激をもらっている感じがします。もちろん日本のプロレスシーンからも刺激は受けるし、NXTで何が起こった、ロウで何が起こった、スマックダウンで何が起こったってことからも刺激は受けるし。とにかく思考停止にならないように。やっぱり資本主義の国ですから、一歩道を踏み外すとなかなか戻れないよっていう。とくにアメリカはそういう意味で容赦ないですから、そういうところでの緊張感はいつも持ってますね。

——公私ともになかなかの緊張感を味わいながら生きていると。

中邑　ホント緊張感がありますね。会場のバックステージに行くとやっぱり流されそうにはなりますよ。試合がない人間のほうが多いから、まあ、文句を言ってるんですよね。

――そういう人たちが自ずと固まって。

中邑　試合がある、プロモがあるっていうヤツらは忙しくて控室にいられないんですよ。でも出番がない人間はずっとケータリングにいたりとかして。そうするとそこで文句を言いがちになってくるんでしょうね。「ここにはちょっといられないな」と思って。そこで不満を口にするなら、状況を見たり、どこに解決策があるのかとかを考えていたほうがいいじゃないですか。ボクはライターと交渉したりもするし、プロデューサーに相談を持ちかけたり、ビンス（・マクマホン）に直接言うことだってありますし。常に「どこの壁に穴があるかな？」みたいな感じで（笑）。

――ちゃんともがいてますね（笑）。

中邑　それでもやっぱり民主主義ではない会社ですからね。ある種独裁的な（笑）。ただ、そこを戦場として選んだからにはそこで生きるしかないっていうところはありますよね。単なる成績で引っ張れるスポーツでもないし、もうそんなのはわかりきった話ですから。まあ、なかなか窮屈な中で自由を求めてもがいてますよ。

――中邑さんはキャンプとかがお好きで、焚火なんかをしているのをインスタの投稿で見ますけど、あれはチル動画なんかじゃない。中邑真輔をよく知る私からすると、あの炎が巌流島のたいまつに見えますよ（笑）。

中邑　アッハッハッハ！

――嫌だなあ、焚火からも日常での緊張感を醸し出しちゃって（笑）。結局、WWEにおいては成功の方程式はないってことですよね？　自分自身の手応えだったりとかはまるで意味をなさないというか。

中邑　だから日々、ある種の手応えというか、試合ごとに課されたミッションを完遂することはできているでしょうし、ハウスショーにおいてお客さんの期待に応えるとか、そういうプロレスラーとしての基本的な仕事もまっとうしているつもりではいますけど、そこからどうやってブレイクスルーを見つけるかっていうところに、いろんな試行錯誤をしていかなきゃいけないですよね。たとえばコフィ（・キングストン）がタイトルマッチにこぎつけたり、ベッキー・リンチがこんなにブレイクする状況を生んだのも、観客からの支持を受けてのことでしょうし。

——民意は影響するんですね。

中邑　だけど、その民意を汲み取るのかどうかっていうのもビンスにかかっている。

——そのときの歓声がビンスに聞こえたか聞こえてないか（笑）。

中邑　たとえばボクはヒールだから、テレビではお客さんの声援を消されるっていうこともあるんですよね。ビンス的には「中邑真輔はヒールだから入場曲に合わせて客に歌わせたくない」と。

——だから日本語の歌詞をつけて、みんなが合唱できなくなるようにしたんですよね。

中邑　でも、たとえばイギリスとかでの試合になれば客がガンガン歌うんですけど、イギリスは生放送じゃなくて録画になるから、オンエアではボリュームをある程度抑えられたりしているんですよ。

——そうなんですか！　そこまでの徹底感はあっぱれと言えばあっぱれですけど……。

中邑　だからある種のオールドスクールでもあるんですけどニュースクールでもある、WWEという会社は絶えず試行錯誤しているなと思いますね。人がどんどん入れ替わるし、きのうまでいたライターが今日はいないなんてことはしょっちゅうですから、けっこうな緊張感ですよね。まあ、そこも含めておもしろいんですけど。

——やっぱりWWEっておそろしい組織ですね。

中邑　だから人によっても違うと思うんですよ。ボクはどっぷりと腰を据えてやろうとして家族みんなと来たから、単身で来た人間とのアメリカの見え方の違いもあるだろうし、みんなそれぞれモノの捉え方も違うと思うんですけど。たとえば向こうの学校教育とかに関してなんて、独身の日本人レスラーは知る由もないだろうし、そこからわかってくるアメリカの文化っていうのも感じることはできないだろうし。まあ、一概には言い切れないですけどね。だから外国人が同じコミュニティで固まるっていうのもわかるし、幸いにしてボクが住んでいる地域には日本人コミュニティがないから。

——どっぷりと腰を据えてやりたい、それはすなわち完全にその文化に身を預けて飛び込んでいくっていうか。

中邑　そのために、しなくてもいい経験をいっぱいしていますからね。「なんで⁉」と思って。「俺の人生を面白おかしくするために神様が仕組んでるんじゃないの?」っていうくらいに。たとえば犬に噛まれたりとか（笑）。

——ありましたね（笑）。

中邑　犬に噛まれたことで救急車に乗ってみたり、弁護士と相談してみたり、アメリカの医療現場に触れてみたり、アメリカの保険制度に驚愕してみたりとか、そんな経験ってしなくてもいいことじゃないですか（笑）。でも腰を据えてやるっていうのはそういうことですからね。日々、まばたきをするヒマもないくらいにいろいろな経験をさせていただいていますよ（笑）。

追悼ケンドー・ナガサキさん。〝第二の故郷〟フロリダ州タンパでの思い出を語る。

武藤敬司

［プロレスリング・マスター］

「これからも生きていくために新しいモノ、新しい刺激を求めていきたい。未来に向かって思い出探しは二の次だよ。同じジェネレーションの連中がどんどんいなくなってるから俺の希少価値が上がってるよ」

収録日：2020年2月10日
撮影：橋詰大地
試合写真：平工幸雄
聞き手：堀江ガンツ

「桜田さんから電話がかかってきたんだよ。『おまえが（人工関節を）やった医者はヤブらしいな』って（笑）」

――武藤さんとも関わりが深かった、ケンドー・ナガサキこと桜田一男さんが1月12日に亡くなられてしまいましたね。

武藤　いきなりだよな。

――ボクもお正月に会ったばかりだったんですよ。武藤さんもアメリカで出られていたレッスルコンの日本版、『闘強魂』（トーキョーコン）というファンイベントに桜田さんもいらしていたんですけど。

武藤　聞いてる。そのときは元気だったらしいね。

――いつもと変わらず、全然元気だったんですよ。

武藤　ある程度のトシになると、人間いつどうなるかわかんねえよな。俺もけっこう最近まで桜田さんとは電話で話をしてて、近々で話したのは去年の暮れ……いや、もっと前だな。でも電話でなら何回か話してるんだよね。マスターズに呼びたいなっていう思いもあったから、コミュニケーションを取っておいたほうがいいなと思っていてね。

――桜田さんはフロリダやプエルトリコで武藤さんと一緒でしたから、そのコンビを復活させてもいいですしね。

武藤　「試合はできない」とは言ってたけど。ホントなら最初の案では2月28日の『プロレスリング・マスターズ』にはグレート・ムタが出る予定だったからさ。ムタのセコンドとして桜田さんも考えてたんだよね。

――ムタのセコンドということは、桜田さんのWCW時代のキャラ、ドラゴン・マスターですか。

武藤　いや、ケンドー・ナガサキで剣道の防具をつけたフルコスチュームで付いてもらうのを考えてたんだよ。試合はできないといっても、それぐらいならできるだろうと思って。そうしたら結局、こっちが素の武藤で出ることになったからさ、またおいおい、次のマスターズにでも出てもらおうと思ってたんだよな。

――まだまだお元気でしたから、半年後でもいいだろうって思いますよね。

武藤　まさかこんなに早く亡くなるとはね。俺は元気なときの桜田さんしか知らないからさ。まさか死んじまうなんてこれっぽっちも思っていなかったからね。

――武藤さんが一緒だったフロリダやプエルトリコ時代は、それこそ桜田さんがいちばん元気だった頃でしょうからね。

武藤　ただ、心臓になんかつけてるっていうのは聞いたことがあったんだよ。

――ペースメーカーをつけていたんですよね。

武藤　あと人工関節も入れてるんだよな。それで桜田さんから電話がかかってきたんだよ。「おまえがやった医者はヤブらしいな」って（笑）。

――また嫌な電話ですね（笑）。

武藤　そうそう（笑）。

――実際はどうなんですか？

武藤　何が？

――そのお医者さんは。べつにヤブとか、そういうことはないわけですよね（笑）。

武藤　いやいや、俺は信頼してやってもらってるからね。桜田さんに何を言われようが。

――そういうことも含めてなんでも言い合えるような仲ということですよね。武藤さんが桜田さんと最初にお会いになられたのはフロリダですか？

武藤　違うよ。ランボー・サクラダとして新日本に来たときだよ。

――あのとき、武藤さんはまだ日本でしたっけ？

武藤　日本でしたよ。海外遠征に出る前だもん。

――あっ、武藤さんより先に後藤達俊さんがアメリカで桜田さんと組んでたんでしたね。

武藤　そうそう。それでランボー・サクラダで来たとき、同じシリーズに（ブルーザー・）ブロディが来てたんだよ。それでシングルかタッグで当たったとき、ブロディがリング内から場外にいる桜田さんの頭をガッとつかんだら、桜田さんが一回転したんだよ（笑）。

――髪の毛は動かないのに、頭は一回転（笑）。

武藤　「えーっ⁉」って思ってビックリしたよ（笑）。

——ランボー・サクラダ時代はカツラを被ってるって知らなかったんですね（笑）。

武藤　それがほぼ桜田さんとの初対面だったから、すげー印象に残ってるよ。で、（フロリダ州）タンパに行ってからも桜田さんと同じアパートに住んでたんだけど、たまに無造作にカツラがポンと置いてあるときがあってさ。あれは知っててもビックリするよ（笑）。

——「こんなところに髪の毛が！」と（笑）。アメリカでも、普段はカツラを被ってたんですね。

武藤　アメリカでは被ってた。だから会場に入るときもファンは誰も気づかないよ（笑）。

「あんなブサイクな……落ち武者な髪型でも意外と女にはモテたよね。いろんなところにホシ（彼女）がいた」

——リングではペイントして、落ち武者みたいな髪型ですもんね（笑）。では、武藤さんの初めての海外遠征で桜田さんと一緒になったと。

武藤　俺が先にタンパに入って、しばらくしてから桜田さんが合流したんだよな。それまで俺はロッキー・イヤウケアと一緒に住んでたんだよ。ツーベッドルームのアパートを借りて。

——ロッキー・イヤウケアは、ハワイから新日本に留学生として来ていたんですよね。

武藤　短い間だったけど日本でも一緒で、知らない仲じゃなかったからさ。俺が行ったとき、もうロッキーが部屋を借りていたからそこに俺が入り込んで。数週間一緒に住んだあと、ロッキーがハワイに帰って、そのタイミングで桜田さんが来たんだよな。だから入れ替わりだよ。

──同年代のロッキーとなら気兼ねなかったと思いますけど、日本プロレス出身の大先輩である桜田さんと一緒に生活するっていうのは、どうだったんですか？

武藤　いや、桜田さんは先輩風を吹かすような人じゃなかったし、アメリカに行ったらあんまり関係ないからな。そしてホントに真面目な人だよ。ただ、〝昔の日本人〟っていう感じの人でもあった。

──それはどういう部分で感じたんですか？

武藤　わかんないけど、アメリカに行っても日本人であることを生活のなかで押し通すよね。「俺は日本人なんだ」っていう意識が強かった。

──いまはアメリカに住んでいるだけで、自分は日本人なんだから日本人らしい風習で生活すると。

武藤　あと、金銭的にも固いからさ。まあ、それぐらいハングリーに育ってるんだよ、きっと。だからあまり外食もしないで常に自炊して食べていたからね。

──桜田さんが料理をして、武藤さんが皿洗い担当だったって聞いたことがありますけど。

武藤　俺はあまり料理はしなかったけど、皿洗いというわけじゃなくて一緒にやってたよ。皿を出したりするだけだけど（笑）。

――皿洗いじゃなくて、皿出し（笑）。

武藤　桜田さんは料理も得意だったから、タンパにいるときは毎日弁当を持って試合会場まで行ってたからね。で、桜田さんは親切だから、ウチらのクルマにエド・ガントナーっていうデカいヤツも乗せてやってたんだけど、そいつのぶんの弁当も作ってあげてたからね。俺も含めて3人だから、3個弁当作ってたから。

――そこまで面倒をみてくれてたんですね。また、弁当を作って無駄遣いしないことで、お金を残すってことを長年続けていたんでしょうね。

武藤　だから俺も、最初のタンパのときは稼ぎはよくなかったけど、少しカネを残すことができたからね。そんなにカネを使うこともないし、先輩後輩関係なく、全部割り勘だから。スーパーに行って買い物しても、レンタカーを借りるのもみんな割り勘だよ。

――人間関係的にも、先輩後輩の上下関係はあまりなかったんですか？

武藤　まあ、多少はあるけどアメリカンスタイルですよ。日本にいたら桜田さんが先輩で、俺はグリーンボーイだけど。アメリカに行ったら俺がメインで桜田さんが前のほうでやることもけっこうあったからな。そうなると収入は俺のほうが多いんだよ。

――メインを張った人間がいちばん多くもらうという世界ですもんね。

武藤　「これがアメリカのスタイルか！」って思ったもんな。俺なんかキャリア2年目なのに、15年以上やっている先輩よりもギャラがいいんだから。日本じゃ考えられねえよ。

――桜田さんのそばにいて、ライフスタイル的にプロレスラーらしいって感じましたか？

武藤　あんなブサイクな……まあまあ、落ち武者な髪型でも意外と女にはモテたよね。いろんなところにホシ（彼女）もいたしさ。

――男は顔じゃない、ということを証明してくれたと（笑）。

武藤　それと関川（哲夫＝ミスター・ポーゴ）さんと仲が悪かったんだよ。

――有名ですよね（笑）。

武藤　すげえ仲が悪いのにプエルトリコで一緒でさ。俺は桜田さんと住んでいて、関川さんは別のところに住んでたんだけど。当時、関川さんに彼女がいて、桜田さんにも彼女がいたんだけど、その彼女たちが姉妹なんだよ（笑）。

――犬猿の仲なのに、なぜか姉妹をシェアしちゃうんですか（笑）。

武藤　俺もわかんないんだよ。それでなんか知らないけど、俺らが住んでいるマンションにその姉妹のお母さんが乗り込んできたことがあったんだよ。そうしたら桜田さんが、関川さんに対してすげえ怒ってさ。

――ポーゴさんが女性関係でなんかやらかしたんですかね（笑）。

武藤　わかんねえけど、試合会場の控室で桜田さんが関川さんをボコボコにしたんだよ。しかもそれがテレビ収録のときで、俺たちは別室にいて、スタジオのほうで桜田さんと関川さんがやりあってるから「この野郎！」って怒鳴り声がみんなマイクを通じて聞こえてきちゃってさ（笑）。それで見に行って止めたんだよ。

――でも、そんな犬猿の仲の2人と一緒だと武藤さんも気を使いますね。

武藤　それがさ、プエルトリコに日本人は3人だったんだけど、俺はシングルで、桜田さんと関川さんはタッグなんだよ（笑）。

――仲の悪い同士が（笑）。

武藤　ホントに仲が悪かったな。あんなに仲が悪いタッグ、見たことねえよ。

「日本人がアメリカで生計を立てていくのは大変だよ。プロレス以外のほかの仕事をやらなきゃいけなくなったりしたら」

――ポーゴさんは晩年、『ある悪役レスラーの懺悔』（講談社）という本を出して、けっこうぶっちゃけていろいろと書いてるんですけど、桜田さんについてだけは「アイツについては何も語りたくない」って1行しか書いてなかったんですよ（笑）。

武藤　あっ、そうなの？　まあ仲が悪かったというか、関川さんが一方的にやられてた感じだからな。桜田さんはそれ以外に関してはエンジョイしていた感じだし。だからいろんなところにホシがいたよ。

――1〜2年前に桜田さんにインタビューしたとき、「フェイスブックで昔の彼女とまた繋がった」とか言ってましたよ（笑）。

武藤　あっ、そう？　もしかしたら俺はその彼女を知ってるかもしれないよ。

――何人か知ってるわけですもんね。

武藤　1回さ、WCW時代にノースキャロライナかどっかの田舎の会場まで一緒にドライブしたとき、会場で2人組の女をナンパしたんだよ。それで俺と桜田さんはツインの同部屋に泊まってたからさ、ゲットした女を2人とも部屋に連れ込んでね。桜田さんのほうはスリムな女性で、俺のほうはふくよかな女性だったんだよ。で、桜田さんが先に仕掛けて、俺のほうはスロースターターであとからゆっくり仕掛けようとしてたんだけど。そうしたら途中で桜田さんが「武藤！　コイツ、男だよ！」って（笑）。

――ナニかが付いていたんですね（笑）。武藤さんのほうはちゃんと女性だったんですか？

武藤　俺のほうはたぶん女だと思うんだけど。俺はもうそこから やる気にならなくて、あそこもシュンとしちゃったから打ち

止めだったんだけど。桜田さんは最後までヤったからな（笑）。

——試合はしっかり最後までこなしたと（笑）。

武藤　高ぶった気持ちを抑えられなかったんだろうな（笑）。

——桜田さんは「武藤、アイツはよくモテてよ」ってよく言ってましたけどね。

武藤　だから俺がナンパで惹きつけて、それを桜田さんがゲットするんだよ。日々の食事と同じで、俺が食材を調達して、桜田さんが調理するみたいなさ（笑）。

——そういう連携プレーがあったわけですか（笑）。

武藤　だからある意味でお互いに助け合っていい関係でしたよ。ただね、プエルトリコでブロディが殺されて、ほかのアメリカ人レスラーはみんな（本国に）帰るってなって、俺らも歩調を合わせてプエルトリコを出なきゃならない感じになったんだよ。俺としてはできることならもっと仕事を続けたかったんだけどね。

——いいテリトリーではあったんですよね。

武藤　気候もいいし、ロングドライブしないで毎日家にも帰れるしね。でもみんなと一緒に出なきゃいけなくなって。それで当時、桜田さんの家が（テキサス州）ダラスにあって「じゃあ、俺の家に来いよ」って言われて転がり込んだんだよね。まだその頃は（フリッツ・）フォン・エリックの団体があったから、そこに行こうってことでね。ただ、そのときは俺は使ってもらえたんだけど、桜田さんは使ってもらえなかったんだよ。

——桜田さんにとっても古巣ですけど、そこはなかなか厳しいんですね。

武藤　だから俺だけ桜田さんの家からクルマを借りて試合に行ってたからね。その代わりじゃねえけど、俺がＷＣＷに行ったときは桜田さんも呼んでね。

——ドラゴン・マスターは武藤さんが呼んだんですね。

武藤　桜田さんは当時、向こうに奥さんとまだ小さい息子がいたから、ずっとアメリカにいるもんだと思ってたけど、その後、離婚して日本に帰ってきちゃったもんな。やっぱり日本人がアメリカで生計を立てていくのは大変だよ。プロレスをやってるときはいいけど、ほかの仕事をやらなきゃいけなくなったりしたらね。

——武藤さんは、桜田さんとタッグを組んでいた時期もあったんですか？

武藤　最初のフロリダだけはタッグ組んでたよ。それでファビラス・ワンズ（スティーブ・カーン＆スタン・レーン）とかウインダム兄弟（バリー・ウインダム＆ケンドール・ウインダム）とかとやってたよ。

——いい相手とやってますね。

武藤　そこそこ売れてたからね。

——タッグを組んでいた時代、桜田さんから「アメリカでは腕っぷしが強くなきゃ生きていけない」みたいな話をされることもありました？

武藤　直接、聞いたかどうかは忘れたけど、たぶん昔はきっとそうだったんだよ。そういう匂いというか雰囲気はマサ（斎藤）さんからも感じるしさ。「日本人はナメられたらいけない」っていうさ。70年代ぐらいまではまだ戦争の面影を背負ってるような時代だっただろうし。だから腕っぷしの強さとか、そういう気概っていうのを先輩たちは常に持っていたよね。

——きっと何かやられて黙っていたら、もっと付け込まれるんでしょうね。逆にやりかえして「コイツに下手なことをしたらヤバい」と思わせなきゃいけないという。

武藤　タンパのときだってさ、キューバン・アサシンってヤツと桜田さんが一悶着あったからな。ただ、キューバン・アサシンって名乗っているヤツがアメリカには何人かいて、どいつかはわかんないんだけど。

——あっ、そうなんですか？　新日本にも来ていますよね。

武藤　そいつと桜田さんがドレッシングルームでケンカになったんだよ。きっかけは全然憶えてないんだけど、あの野郎がナイフを出しやがって。みんなで止めたけどさ。

——えーっ⁉　じゃあ、ブロディみたいなことになっていてもおかしくなかったんですね。ナイフを出されても桜田さんは怯まなかったんですか？

武藤　そうそう。そのへんの肝は据わってるよね。

——きっとそういう修羅場は何度も経験していたんでしょうね。桜田さんはプエルトリコでブロディともセメントまがいの試合になったことがあるんですよね。日本から取材が来ていることに気づいたブロディが、一方的にボコボコにする試合にしようとして桜田さんが怒って反撃したという。

武藤　なんかそういう試合あったな。たぶんビッグショー（ビッグマッチ）だよ。

――「関川はやられるがままだったけど、俺はそうはいかない」って言ってました（笑）。

武藤　だけどタンパ時代は桜田さんも俺と一緒にジムに行ったりしてたけど、ダラスぐらいになると桜田さんは家にいて、俺だけジムに行ったりしていてね。需要という部分で俺はまだ若くて凄い試合数も多かったけど、試合がなかった桜田さんは練習とかも少ししなくなっていたんだよな。もしかしたら、そのへんから少しずつ病気の身体に近づいていったかもしれねえな。

「日本人レスラーというのは本物の日本人がやってるというリアリティが強みだから、そこを活かして生きていくしかねえんだよ」

――やっぱりレスラーは、リングに上がらなくなって、練習もあまりしなくなると、コンディションが悪くなってきちゃうんですね。

武藤　酒はあんまり飲まなかったから、身体に悪いこともそんなにしていなかったと思うんだけどね。食うことは食ってたけど。

――一緒にいた時代に桜田さんから教わったこと、学んだことって何がありますか？

武藤　やっぱり「しっかりとプライドを持ってアメリカ人に対して接する」ということを学んだよね。ナメられたらとことん使ってくるからさ。ナメられないものを持っていなきゃいけないっていうね。

――それは腕っぷしだけじゃなくて。

武藤　本来は腕っぷしなんだけどね。アメリカ人って単純だからさ。だからヒロ・マツダさんもそうだったような気がするし、マサさんもそうだったらしいし。アメリカで生き残ったレスラーはみんな「日本人というプライド」を持っていたよね。

――アメリカに同化するのではなく、日本人のアイデンティティをしっかり持って生きるという。

武藤　そうやって闘っていかないと最初から差があるからさ。アメリカ人と日本人とで。差別意識だってあるしさ。

――言葉の問題もありますしね。では、武藤さんが最初に海外に出たとき、一緒になった先輩が桜田さんでラッキーだったっていうのはありますか？

武藤　そうですね。まだプロレスのなんたるかがわからないし、アメリカで暮らす方法もわからないなか、いろいろ助けてもらったからな。自分の力だけじゃアパートを借りることもできないわけだから。桜田さんと別れた途端、俺はホテル住まいになったしね。あとレスラーとしては、アメリカに同化されてもい

けないし、そもそも同化しきれねえから。だったら日本人の特徴を活かして闘っていくということを学んだよな。

――アメリカ人レスラーにはできない、日本人レスラーだからできることをやるというか。

武藤　それはギミックじゃなくて、本当のアイデンティティの部分でね。昔はキマラをアフリカのジャングルから連れてきたってことにしたり、普通のアメリカ人をロシア人にしたりしてたじゃん？　でも日本人レスラーっていうのは、本物の日本人がやってるからさ。そこのリアリティは強みだし、その強みを活かして生きていくしかねえんだよな。

――そういった、向こうで生きていくための気概みたいなものを桜田さんから学んだと。

武藤　そうですね。

――では桜田さんという存在も含めて、フロリダ時代っていうのは、プロレスラー武藤敬司を形成する上で大きな意味を持っていたわけですね。

武藤　俺にとってはふるさとだね。最初がタンパでよかったと思うし、その後アトランタに行ってもどこに行っても、オフになったらタンパまで遊びに行ってたから。日本に帰ってからもタンパに遊びに行ったりしてたもん。まあ、ホシがいたからさ。

――例の付き合った当初は女子高生だった彼女と、凱旋帰国してからも繋がっていたんですか（笑）。

武藤　少しの間だけね。やっぱり遠すぎるし、カネもかかるし。携帯電話もない時代だったから大変だったよ。

――日本とアメリカ東海岸じゃ、地球の裏側ですもんね。

武藤　電話するのもひと苦労だったからな。

――今年、レッスルマニアが武藤さんの〝第二の故郷〟タンパで開催されますけど、武藤さんも行かれるんですよね？

武藤　いろいろオファーをもらってるから行くつもりだけど、まだすべてが決まってないからね。でも自分としては確実に行くつもりではあるよ。

――楽しみですか？

武藤　そうっスね。去年がニューヨークで、今年はタンパだから行きたいと思ったんだよ。これが違うタウンだったら別にいいやと思ってたけど。タンパは『アナザースカイ』（日本テレビ）で行って以来だよ。

――武藤さんが思い出のフロリダ州タンパを訪れるっていう番組ですよね。

武藤　もう、あれも5年くらい前だよな。タンパもずいぶん変わっていてわからなかったよ。いまも道は憶えてるんだけど、まわりの建物が変わってたからさ。その『アナザースカイ』で

武藤敬司（むとう・けいじ）
1962年12月23日生まれ、山梨県富士吉田市出身。プロレスラー。
柔道で全日本強化指定選手にも選ばれた実力をひっさげて1984年、新日本プロレスに入門。同年10月4日、蝶野正洋戦でデビュー。早くより将来のエース候補と目され、1985年11月にフロリダ州への海外遠征に出発。帰国後、UWF勢との抗争などを経て、1988年に再度海外へ。NWA（のちのWCW）でグレート・ムタとして大ブレイク。世界的な人気を博すことになる。新日本においてもIWGP王者、nWo JAPAN、TEAM2000として活躍するが、2002年1月に全日本プロレスに移籍。全日本退団後はWRESTLE-1旗揚げ、『プロレスリング・マスターズ』を主宰するなど現在も現役として活躍中。

は、桜田さんと住んでいたアパートにも行ったからね。そこは変わってなかったよ。

「タンパはアメリカのなかでいちばん好きな街だよ。カネがあったら別荘を持ちたいけどちょっと遠いんだよな」

――そんな思い出のアパートが残っていたんですね。昔の仲間もタンパにいたりしたんですか？

武藤　そのときはスティーブ・カーンとか、キラー・ビー（ブライアン・ブレアー）がタンパに住んでたけどさ。ただもうマツダさんもいないし、俺がお世話になったデューク・ケオムカさんもいないしね。

――フロリダマットの最後のよかった時代に武藤さんは行ってたってことですよね。

武藤　だから、あの時代の多くのレスラーにとっても思い入れ深い場所なのかもしれねえな。それだからか知らないけど、みんなタンパに家をかまえるんだよな。ハルク・ホーガンしかり、ザ・ロックしかり、ホーク・ウォリアーだってミネアポリス出身なのにタンパに住んでたから。

――プロレスラータウンでもあるわけですね。

武藤　住みやすい街でもあるんだろうな。同じフロリダでもマイアミあたりまで行くとさ、治安の部分でちょっと危ないし。言葉もスパニッシュが多くて英語じゃなかったりするんだよ。タンパのほうがなんのストレスもないんだろうな。いい思い出しかないもん。

――武藤さんのレスラーとしての思い出が詰まっているわけですね。

武藤　だからタンパはアメリカのなかでいちばん好きな街だよ。カネがあったらホントは別荘を持ちたいけど、ちょっと遠いんだよな。

――東海岸ですからね（笑）。

武藤　ダイレクトで行けねえんだよ。どっか経由しないと。だからホントはプロレスで成功して、プライベートジェットで「じゃあ、タンパの別荘に行くか」みたいなのが理想だったんだけど、そういうふうな人生になれなかったから（笑）。まあ、そこまではいけなかったけど、ほどほどはがんばったからな。

――いや、十分だと思いますよ（笑）。では今春はひさしぶりの〝帰省〟で英気を養う感じですか？

武藤　そうだね。ただ、ここに来てマスターズは別としても、これから生きていくためには新しいモノ、新しい刺激を求めていきたいっていう気持ちもあるから、ふるさとには帰っても思い出探しは二の次だよ。

――まだレスラー人生を振り返る時期じゃないと。

武藤　いまは未来というか、少しでも前向きにいたいからね。

――武藤さんぐらいのキャリアで、すでにいろんなことを成し遂げていながら、そういう姿勢っていうのは素晴らしいですね。

武藤　こないだ（メリーランド州）ボルティモアに行ったとき、多くのレジェンドと会ったんだけど、「おまえ、まだプロレスやってるの⁉」ってみんなに言われたからね。それどころか俺はそいつらをオファーしたいのに（笑）。

――マスターズの交渉ついでの渡米なのに（笑）。

武藤　もう車椅子生活になっていたレックス・ルガーとかにも会ったけどさ、アイツなんかは俺が最初にプロレス教えたからね。マツダさんに言われて。

――武藤さん、レックス・ルガーの先生なんですか（笑）。

武藤　でもまあ、ショッパかったよ。

――試合自体は全盛期もうまいとはとても言えませんでしたからね（笑）。

武藤　当時のタンパにはロン・シモンズもいて、アイツもマツダ道場で俺が最初に教えたんだから。

――もはやレジェンド中のレジェンドですね。じゃあ、今度タンパに行ったらまたみんなから言われるんじゃないですか。「おまえ、まだやってるのか⁉」って（笑）。

武藤　同じジェネレーションの連中がどんどんいなくなってるから、俺の希少価値が上がってるよ。

――ではタンパでは、武藤さんの現役ぶりを見せつけてください！　ボクも取材に行く予定ですから。

武藤　ウ～シ、向こうで何をやるのかまだ固まってねえけど、いい刺激を受けてこれからも前を向いて進んでいきますよ！

きむコロ列伝!!

第99回　コブクロ小渕の引っ越し

バッファロー吾郎A

私はコブクロの歌が大好きだ。彼らはストリートミュージシャンという下積みからスターダムにのし上がった。下積み時代はお金もなく、引っ越しの時もきっと2人だけで荷物を運んでいただろう。

そんなことを考えているうちに私は眠ってしまい夢を見た。人の夢の話はつまらないものだが、興味深い内容だったのでココに紹介したい。

「黒ちゃん、休みの日に引っ越しを手伝わせてごめんね」

「こぶちゃん、何を水くさいこと言うてんねん。これから2人でデュオとしてがんばっていくねんから、遠慮せんと何でも言うてや」

「ありがとう。じゃあ、ジュース買ってきて」

「そういう意味やないで。こぶちゃん冗談きついわ（笑）。そんなことより引っ越しや。まずは何から運ぶ？」

「じゃあ、洋服ダンスから運ぼう」

「OK。うわぁ、この洋服ダンスめっちゃデカいなぁ」

「黒ちゃんより大きいね（笑）」

「ホンマや（笑）。でも洋服ダンスって見た目より軽いから朝飯前や。ヨイショ、ちょっと待って、めっちゃ重い！　何コレ？」

「中身がぎっしり詰まってるんだ」

「こぶちゃん、なんで中身をダンボールに詰め替えへんの？」

「……ダンボールがなかったから」

「どうりで荷物が少ない思ったわ。でも衣類が入ってるとしても重たすぎるで」

「ほかに食器とか、こち亀と三国志の全巻が入ってる」

「そりゃ重いわ」

「あと、熊が鮭をくわえている置物とか」

「そんなん要る？」

「フフッ」

「（なんで笑ったんやろ？）よし、2人で持とう。せーのーヨイショ！　ヨイショ、

ヨイショ、ちょっと待って、エレベーターが故障中やん！」

「じゃあ、休憩しよっか？」

「休憩は早いって。まだ何も運んでへんし。これは階段で運ぶしかないな。こぶちゃんの部屋は何階？」

「何階なのかわからない。わかってるのは部屋番号が９０３号室ってことだけ」

「それやったら9階やわ」

「そうなの？」

「だいたい９０３の9が階数やから」

「黒ちゃんは物知り博士だなぁ」

「（本気で言ってるのか？）よし、気合い入れて上がるで。俺が先に行くわ。ヨイショ、ヨイショ…」

「重い、重い！　無理無理！　黒ちゃんストップ！」

「こぶちゃん、どうしたん？」

「重すぎるよ！」

「それはこち亀全巻や熊の置物が……」

「そうじゃなくて、黒ちゃんは背が高いから持ち上げすぎるとバランスが悪くなって、総重量が全部俺にくるんだよ。前後入れ替わろう。ヨイショ、ヨイショ…」

「こぶちゃん、無理無理！　こんな狭い階段でタンス持ったまま前後は入れ替われへんで。俺らだけが入れ替わったらええねん」

「さすが黒ちゃん、物知り博士だなぁ」

「普通の事やで。じゃあ、行くで、せーの、ヨイショ、ヨイショ…」

「黒ちゃん、俺達のユニット名ってどうする？」

「そういえばまだ決めてなかったな。こぶちゃんはなんかある？」

「やっぱり覚えてもらうためには俺たちの特徴を名前に入れたほうがいいと思うんだ」

「たしかに」

「だから『ミュージック阪神・巨人』ってどう？」

「それオール阪神・巨人師匠のパクりやん」

「オール？　ハ、ンシン、キョジ、ン？」

「知らんワケないやろ」

「ホント知らないって！　俺のことを疑ってんのかよ！　失礼なヤツだな。黒ちゃんが弟子だったらパンパンだよ」

「絶対知ってるやん！」

「ちぇ、バレたか（笑）」

「そうや、『コブクロ』ってどう？　小渕と黒田でコブクロ！　名前も覚えてもらいやすいし、どうかな？」

「うーん、安直というか、狙いすぎというか。もう一捻りほしいよなぁ」

「そうか。何がええかなぁ」

「そうだ！　黒ちゃん、『コブクロ』ってどう？　小渕と黒田でコブクロ！　名前も覚えてもらいやすいし絶対いいよ！」

「それ、いま俺が言うたヤツ！」

「どうしたの急に怒って。親知らずが痛むの？」

「……こぶちゃん、９０３号室に着いたけど、誰か住んでるで」

「えっ、そんなワケないよ。鍵にちゃんと部屋番号が…ゴメン黒ちゃん、１９０３号室だった」

「19階！　ヒーッ！」


ココで私は目が覚めた。

お知らせです。『ばごえーマニア』というYouTubeチャンネルをやってます。よろしければ登録してください。

バッファロー吾郎A／本名・木村明浩（きむら・あきひろ）
1970年11月24日生まれ／お笑いコンビ『バッファロー吾郎』のツッコミ担当／2008年キングオブコント優勝

同窓会

00年代の狂気の季節に誕生
あのファイティング・オペラとはいったいなんだったのか?
衝撃のエピソードが大噴出!!

安生洋二×TAJIRI×坂田亘

ハッスルとは何か？

PRIDEを主催していたドリームステージエンターテインメント（DSE）が旗揚げしたプロレスイベント。2004年1月4日、さいたまスーパーアリーナで旗揚げ戦を開催。高田総統（高田延彦）、橋本真也、小川直也、TAJIRIらを中心として芸能人らも数多く参戦し、既成のプロレスとは一線を画した「ファイティング・オペラ」を展開。多発的に世間を巻き込む仕掛けをおこなった。2009年10月に両国国技館で開催された『ハッスル・ジハード2009』を最後に興行を休止。わずか5年あまりの"革命"であった。

収録日：2020年1月5日
撮影：タイコウクニヨシ
構成：堀江ガンツ

SUPER
DRY
市屋苑
ICHIOKUEN
SINCE 1998

「小川（直也）さんのマイクが下手だったから演出が付き始めて、リハーサルもちゃんとやろうって感じになったんですよ」（坂田）

安生　いやあ、このメンバーで集まるなんてホントにいつ以来だ？

ＴＡＪＩＲＩ　ハッスル以来ですよね。

坂田　きっと10年ぶりぐらいですよ。

――今回、みなさんに集まっていただいたのは先日ＴＡＪＩＲＩさんが『プロレスラーは観客に何を見せているのか』（草思社）という本を出されて、これが話題になってるんですよ。増刷も4刷までいってて。

安生　凄いな。この本が売れない時代に。

――それでこの本の中で書かれたハッスルの話が凄くおもしろかったので、あらためて当時を振り返って語っていただきたいなと。

ＴＡＪＩＲＩ　ボクはこの本で「プロレス界の裏方で安生洋二ほどの天才と会ったことがない」って書かせてもらいましたから（ニヤリ）。

安生　そんなことが書いてあるんですか？　でもこの笑顔が嘘くさいんだよねえ。

ＴＡＪＩＲＩ　アッハッハッハ！

安生　嘘くさい笑顔で言われたら、なんか違うような気がするんだけどなあ（笑）。

ＴＡＪＩＲＩ　でも、こうやって酒を飲みながら語るっていうのもハッスルっぽいですよね。

安生　まあ、何かと酒っていうのはＵインターからの伝統ですから。

――髙田イズムですか（笑）。

安生　ハッキリ言って、ハッスルはＵインター番外編ですから。髙田総統のリーダーシップのもとに集まった人たちですからね。出し物が違うだけで団体の構造的にはＵインターですよ、ボクにとっては。

――Ｕインター同様に短い期間でプロレス界を席巻して、パッと消えるという（笑）。

安生　そうそう、パッとね。

ＴＡＪＩＲＩ　どれくらい続いたんでしたっけ？

安生　正味4年ぐらいじゃないの？　4年もやれば上等でしょう。燻っていただけじゃアレだけど、ボワーッと燃え上がった4年間だからね。十分にやった意味がありましたよ。

――あの日本プロレス界が低迷していた時代に、横浜アリーナやさいたまスーパーアリーナが超満員でしたもんね。

安生　リアル満員だもん。

ＴＡＪＩＲＩ　いちばん凄かった時期っていうのは、エスペランサー（髙田総統の闘う化身）が出たあたりですか？

安生　和泉元彌じゃないかな。違うのか？

坂田　和泉元彌のときはHGもブレイクしていて、あのへんから本格的に火がついた気がしますね。

安生　ただ、ハッスルの出だしはビックリしたけどね。PRIDEの番外編から始まって。

——新日本の東京ドームにぶつけて（2004年）1月4日にたまアリで開催、しかも4万人収容のスタジアムバージョンで。4日前の大晦日は同会場が『PRIDE男祭り』で超満員だったのに『ハッスル1』は8割が空席という（笑）。

安生　あのとき、俺はまだ参加してなかったけど、会場でポツンと立って観ていてさびしかったもん。「いったい何がやりたいんだ、コラ！」って本気で思いましたから（笑）。

TAJIRI　安生さんは最初からじゃなかったんですね。

安生　俺はハッスル3〜4回目の後楽園初進出（2004年6月28日）から入ったんで。坂田は最初からだっけ？

坂田　ボクは大晦日の『男祭り』でヒジを脱臼して（vsダニエル・グレイシー）、1月4日はゼブラーマンになるはずだったのに出られなかったんですよ。

安生　ああ、ゼブラーマンってあったねえ。

坂田　大晦日にケガしてるのに、元日に東プリの部屋飲みで安生さんに俺がイッキさせられて（笑）。

——なんですか、それ（笑）。

坂田　元日に髙田さんから電話があって呼び出されて、俺がヒジを脱臼してるのに、着いたら安生さんと髙田さんがもうベロベロに酔っ払ってたんだよ。

安生　そのときも昼飲みだったんだよな（笑）。たしかホテルのレストランをすべて渡り歩いて制覇して、もう店が開いてないから最後は部屋飲みっていう。凄いでしょ？　全部渡り歩くんだもん。

坂田　そこで安生さんに「おまえは髙田派なのか、前田派なのか？」って詰められたんですよ（笑）。

安生　ギャハハハ！　まあ、酒の席の遊びですよ（笑）。

坂田　ボクはその後、ヒジのケガでしばらく休んでたんですけど、『ハッスル2』の横浜アリーナ（2004年3月7日）を観に行ったら、髙田さんが総統の格好で出てきて「あれ、こんな感じなの？」って（笑）。

安生　突然、あの格好で出てきたらビックリするよな。

TAJIRI　ああいうリハーサルって最初からやってたんですか？

坂田　たぶん、そのへんが固まってきたのも安生さんが入ってきたあたりで、最初はそんなにやってなかったですよね？

安生　うーん、どうだっけ？（笑）。

坂田　安生さんが加わった最初の後楽園は、プロレス興行としては爆発して。その頃はまだ小川（直也）さんもPRIDEでハッスルポーズやったりして求心力があったから会場は沸いていたんですけど、マイクでしゃべらせると下手だったじゃないですか。それで演出が付き始めて、リハーサルもちゃんとやろうって感じになったんですよ。

――小川さんのマイク下手がきっかけですか（笑）。

坂田　たぶんそう。伝えたいことが伝わらないからってことで（笑）。

安生　あまり自由にさせちゃいかんなってことだったな。

「天龍さんが投げたペットボトルがインリンさんの顔に直撃して、安生さんがブチ切れて天龍さんを怒鳴り散らしてた」（TAJIRI）

――TAJIRIさんがハッスルに加わるきっかけはなんだったんですか？

TAJIRI　WWEを辞めて帰国したあと、ハッスルから「作り手もやってくれ」と言われて、そういうこともやりたかったので。あと、いろんな団体を観てまわったんですけど、ハッスルがいちばんちゃんとしたプロレスをやっていたんですよ。フィニッシュ一発で終わるっていう試合をやってた。その頃、いろんな団体を観に行ったんですけど、ハッスルだけがまともだったんです。

安生　それもまた新しい意見だね。「ハッスルだけがまともだった」ってなかなか聞けない話ですよ（笑）。

――当時はまだ、メジャー系団体ではキックアウトの連続みたいな試合が多かったかもしれないですね。

坂田　いまでもそうなんでしょ？

TAJIRI　いまもそうですね。

坂田　たまに深夜テレビでやっているのを観ても飽きるもんね。女子プロを観てるみたいでさ。

安生　そこで「まともなプロレスだからハッスルに入りました」っていうのも凄い話だよ（笑）。

――「あんなのプロレスじゃない」みたいに言われてたのに（笑）。当時、試合はすべて安生さんが仕切ってたんですよね？

TAJIRI　もう安生さんが仕切ってましたよ。

安生　やっぱり髙田さんという後ろ盾があるとボクも力を発揮するんですよ。ちゃんとバックがいると（笑）。

坂田　思い出したんですけど、1試合ずつリハをちゃんとやるようになった頃、最初は島田（裕二）さんが「じゃあ、次は誰々やって」みたいに仕切ってたんですよ。でも島田さんって薄っぺらいじゃないですか？　適当だし。で、みんなが言うことを聞かないから安生さんがやるってことになって（笑）。

安生　それがきっかけなんだ（笑）。

坂田　だって島田さんは試合を作れないじゃないですか。言葉だけで説明してもわからない人、とくに小川さんとかが「うーん……」ってなっていても、安生さんが実際にやってみせながら説明すると理解できるんですよ。それで安生さんがやるようになったんです。

――小川さんに理解させることができるのは、安生さんしかいなかったんですね（笑）。でも日本のプロレス界でリハをしっかりやるって革命的でしたよね。

坂田　ボクも最初はリハをやるって知らなかったんですよ。進行台本を渡されるだけで。たぶんケーフェイとかも気にしてたのかな？　だからZERO－ONEと同じように開始ギリギリぐらいに会場に行ったら髙田さんに凄い怒られたんです。「リハーサルをやったんだぞ！」って言われて「えっ？」とか思って。それで次の大会では早めに会場入りしたら島田さんが仕切っていて。俺も島田さんの言うことなんか聞きたくないからさ。「なんでおまえにそんなこと

添加物、
プリン体
本格焼酎
3800
UNDER ARMOUR

言われなきゃいけねんだ！」って。そうしたら安生さんに変わって。

——やはりレスラーは、プロレスに関してはレスラーの言うことしか聞かないという。

坂田　そうそう。やったこともないヤツに「そこでセールしろ」って言われたって誰もやらないよ。

安生　そこらへんからプロレス団体としての体をなしてきたんだな。昭和新日本でいうところのアントニオ猪木である髙田さんがいて、山本小鉄である安生がいてっていうゴリゴリのプロレス団体になったんですよ。俺はさっきまで忘れてたけど（笑）。

坂田　ボクが憶えてるのは、道場に行ったらリングで安生さんが橋本（真也）さんと試合の作りをやってたんですよ。そうしたら橋本さんの肩ばっかり攻めていて「これ、何をやってるんだろ？」と思ってたら本番のスキット映像で橋本さんがKATAKARI（肩狩り）に肩を壊されて「あっ、そういうことか！」って（笑）。

安生　KATAKARIっていたな～（笑）。

——映画の撮影でその一場面だけじゃ何やってるかわからないのと一緒ですね（笑）。ホント、安生さんは重要な役割をはたしていたんですね。

坂田　ハッスルは小川さんに引っ張ってもらわなきゃいけなかったし、そのためには安生さんの力が必要だったから。

安生　小川さんは猪木さんからプロレスに入ってるんで、野球未経験者が長嶋茂雄に教わってるようなもんだからね。

——感覚と感性の指導（笑）。

安生　だから細かいことや基礎的なことをまったく知らなかったんだけど、「プロレスを理解してる」っていう認識が本人のなかにはあったんで（笑）。

——それは厄介ですね。わかったつもり（笑）。

安生　そのへんのギャップがあったし、小川さんも島田さんの言うことなんか聞かないだろうし。だからプロレスのキャリアがある俺が言うっていうね。

坂田　小川さんって柔道で日本一になってるくらいだから、運動能力が高いに決まってるんだけど、なんであんなにプロレスができなかったんですかね？

安生　たぶん入り口で「プロレスはこういうものなんだ」って思い込んじゃって修正が難しかったんだろうな。

坂田　いつだったか、ビッグマッチでTAJIRIさんや安生さんが試合を作っているとき、小川さんとカイヤの絡みがあったんですけど、もうグズグズすぎて（笑）。

安生　それは相当大変だね（笑）。

安生洋二（あんじょう・ようじ）
1967年3月28日生まれ、東京都杉並区出身。元プロレスラー・総合格闘家。
高校を卒業後に旧UWFに入門。1985年7月8日、星名治戦でデビュー。若手として新日本プロレス参戦を経て、1988年に新生UWFの旗揚げに参加。その後、UWFインターナショナル時代はヒクソン・グレイシーを相手に道場破りに行くなどして大きな話題となった。PRIDE、K-1などの格闘技のリングにも参戦し、ハッスルでは髙田モンスター軍のアン・ジョー司令長官として活躍した。

坂田　小川さんがあまりにもできないから途中でＴＡＪＩＲＩさんが飽きちゃって、腕立てとか自分の練習し始めちゃって（笑）。

ＴＡＪＩＲＩ　もう、ああなるとしょうがないですもん（笑）。

安生　カイヤvsインリン様の絡みとかも大変だよ。お互いに芸能人としてのランクの問題もあるし、ちょっとでも力が入れば向こうから文句が出て、こっちからも文句が出るみたいな。女性芸能人2人から文句を言われて「俺はどうしたらいいの？」って思いますよ（笑）。

――とくに女性芸能人はケガさせるわけにいきませんもんね。

安生　それでお互いにやっぱり力も入っちゃうんで、それもまた大変なんですよね。

ＴＡＪＩＲＩ　天龍さんが投げた水の入ったペットボトルがインリンさんの顔に直撃して、安生さんがブチ切れて天龍さんを怒鳴り散らしてたのを憶えてますよ（笑）。

――えーっ⁉（笑）。

安生　ウソでしょ⁉（笑）。

ＴＡＪＩＲＩ　「インリンさんがケガしたらどうするんだ！」って（笑）。

安生　天龍さんに⁉

ＴＡＪＩＲＩ　それで俺、ビビっちゃって。控室に行ったら天龍さんが「おう、ＴＡＪＩＲＩ。安ちゃんはホントに怒ってるのか？」って、ちょっと天龍さんもビックリしてたっていう（笑）。

「ＫＥＮＳＯの試合で印象に残ってるのって和泉元彌戦しかない（笑）。奥さんのほうが人間としてのパワーを持ってた」（安生）

安生　ちょっとやめてよ、そういうことを言い出すの（笑）。

――まあ、それぐらい現場の責任者としてピリピリしていたってことですよね。

安生　本気でキレたわけじゃないと思うけど、こっちも必死でやってましたよ。実際、芸能人をケガさせたら大変だもんね。それはめっちゃ考えてたなあ。だから俺は「絶対に無理はさせない、できることしかやらせない」っていうのが基本で。うしろ受け身ひとつでも、ふかふかのマットでしかやらせなかったから。本番が近づくにつれ、ちょっと硬めのマットで慣れさせるぐらいで。

ＴＡＪＩＲＩ　泰葉さんのマネージャーの清水って人を安生さんがやたら気に入って、最後にスイングＤＤＴかなんかやらせてましたよね？（笑）。

安生　アイツは出役じゃないからケガしてもオッケーだっていうのがあったんで（笑）。ホント、芸能人のケガだけは怖かったのよ。

――安生さんの立場としたらめちゃくちゃ責任重大ですもんね。

安生　だから会社から「こういうことをやれ」って言われた以

外のことは教えなかった。なぜなら会社から言われてないことに俺は責任を持てないから。プロレスってめっちゃ難しいし、怖いし、簡単にケガするし。どういうメカニズムでケガするのか、何年もやってる俺でもわかんないんだから。その責任を負えない部分は一切教えないようにした。

坂田　結果としてケガらしいケガは、HGがカカトを折ったぐらいですもんね。

安生　だから成功すれば盛り上がるけど、ケガをするリスクがあるようなことはやらせなかった。それで十分なんですよ。危険で派手なことをやったところで、いちばん印象に残るのは最後に出てくる髙田総統っていう、そういう団体にしたかったんで。それまでの試合は髙田総統につなげるためのものだから、危険な大技で盛り上げることは逆に邪魔だと思っていたから。

――それは昭和のプロレスが、メインイベントの猪木さん、馬場さんをいちばん盛り上げるために、前座は大技禁止と相通じるものがありますね。

TAJIRI　だから正しいんですよね。

安生　アメリカ人の凶器とか使うタッグチームは誰だっけ？

TAJIRI　あっ、ダッドリー・ボーイズですね。

安生　彼らとはしょっちゅう衝突してたもん。彼らは自分たちのハードコアスタイルを完璧に出したいんだけど、俺は「やり過ぎだからやめろ。そこまではいらないから。ここはハッスルの世界だから」って。そういう闘いがけっこうありましたね。

TAJIRI　そのとき向こうはなんて言ってたんですか？

安生　いやもう、マジでケンカになりそうになりましたよ。彼らもプロレス界ではけっこうイケイケっぽいんで、裏ではガッチガチの取っ組み合いですよ（笑）。

坂田　でもホントにそんな感じでしたよね。長州さんも言うこと聞かないからすげえ苦労して。

安生　長州さんは「自分のプロレスを貫く」って言うんだけど、「いや、ハッスルではそういうことは求めてないです」っていうね（笑）。やっぱ長州力vs長州か（蚊）とか、こっちはそういうのを観たいわけですよ！

――いましたね、長州か（笑）。でも、いまの長州さんならハッスルポーズでもなんでもやってくれそうですけどね。

坂田　そのときに蓄えたんだよ。そういうバラエティ的なスキルを。あれは卑怯だよ。

――ハッスルでは拒否しながら、そこで学んだことをバラエティ番組で全開にして（笑）。

坂田　あと、さっき安生さんが言ってた大技をバッカンバッカンやり合うようなプロレスじゃダメだったと思うよ。危険になるだけだし、やれる人間はかぎられるし。

TAJIRI　歳を取ったらできなくなりますしね。

――そういう意味では和泉元彌vsKENSO（鈴木健想）は凄い試合でしたね。

安生　だってあのフィニッシュは、いまのプロレス界ではありえないでしょ（笑）。

——空中元彌チョップ（笑）。

安生　あれだけ前フリしていた空中元彌チョップが、どんな技かと思ったら危険度もなんにもない（笑）。でも魂を込めて打てば、あれ一発で終わるんですよ。それで観た人も納得したんですから。

——凄い盛り上がりましたからね（笑）。

坂田　あの試合は凄いでしょ。だって結果的にKENSOの試合で印象に残ってるのってあれしかないもん（笑）。

——新日本、WWE含めて、いちばんの名勝負かもしれないですね（笑）。

坂田　俺もKENSOと試合したけど、打っても響かないんだよね。だから和泉元彌との試合がクライマックスじゃないかな。

安生　あれがレスラー人生のクライマックスか（笑）。

坂田　あれは奥さん（鈴木浩子）がいたからいいけど、KENSOだけなら間延びするだけですよ。

安生　たしかに奥さんのほうが人間としてのパワーを持ってたもんな。

TAJIRI　あのときボクはまだWWEにいたんですよ。それで控室でみんなが「なんかKENSOがジャパニーズダンサーに負けたらしいぞ」って話をしてて（笑）。

安生　和泉元彌戦はWWEでも話題になってたんだ（笑）。

坂田　でも和泉元彌は後楽園初登場のとき、声だけでみんなを驚かせて凄かったですよね。あれで異種格闘技戦の緊張感が出ましたもん。

安生　俺も「狂言ってすげえな」って思ったもん。

——横浜アリーナでは新日本時代のグレート・ムタ以来の宙吊りでの登場だったんですよね。

安生　あれはヘリコプターで来たから、天井から降りてきたんだよ。ダブルブッキングで（笑）。

——そういう設定でしたね。当時、ダブルブッキングのスキャンダルがあって（笑）。

安生　ワイドショーからみんなネタ引っ張ってきてたからね（笑）。でも和泉元彌は本当に凄かった。「コイツ、本物だな」って思ったもん。なんか心に訴えるものが凄くあった。だからあのチョップにも心を震わせる何かが宿っていたんですよ。

TAJIRI（たじり）
1970年9月29日生まれ、熊本県玉名市出身。プロレスラー。1994年9月19日、I.W.A.JAPANでの岡野隆史戦でデビュー。その後メキシコEMLLでの修行、大日本プロレス、新日本プロレス参戦、ECWなどを経て、2001年にWWEに入団。エディ・ゲレロとのタッグやトリプルHらとの抗争、ウィリアム・リーガルとのタッグで世界タッグ王座奪取など一線で活躍した。帰国後はハッスルに所属して、自身のプロレスサイコロジーを遺憾なく発揮した。

「天龍さんや長州さんは滑舌の悪さでテレビとかに出てるけど、最初に『何を言ってるかわかんない』って言い出したのは俺だから」（坂田）

TAJIRI　ハッスルの初期、「台本流出事件」ってあった

じゃないですか。あれって話題作りでわざとやったんですか？

坂田　いや、あれはガチですね。たしかShow大谷かなんかが持ち出して、週刊誌に載ったんですよ。

安生　アイツだったんだ（笑）。

坂田　あれから部外者はバックステージに入れなくなったんですよ。でもその頃の台本はちゃんと台詞が落とし込まれてなくて。ここで誰が出てくるとか、そのレベルだったんだよ。

――その当時は、けっこう台詞も本人任せの部分がまだあったんですね。

坂田　練りこんでからは天龍さんとかは台詞が増えていったけど。長州さんなんか「……」って書いてあるだけで「しゃべるならしゃべってください」みたいな感じだったよ（笑）。

安生　そうだったな～。台本を守らないしね。

坂田　そういう意味ではレジェンド系では天龍さんだけですよ、しっかりと向き合っていたのって。「あれはいけなかったのか？」ってボクに聞いてくることもよくありましたもん。

TAJIRI　天龍さんは積極的でしたよね。

坂田　いま天龍さんや長州さんは「滑舌の悪さ」でテレビとかにけっこう出てるじゃん。でも最初に「何を言ってるかわかんない」って言い出したのは俺だからね。

――マイクアピールでそう言い返したと。

坂田　アドリブだったから長州さんからは睨まれたけど、天龍さんだけは「おもしろかったぞ！」って言ってくれて。それでいま滑舌の悪さを売りにして稼いでるんだから、俺にも数パーセント寄こしてほしいよ（笑）。

安生　本来そこはいじれないもんね。プロレス界ではみんな思っていたことだけど。

坂田　だから最初は天龍さんみたいな大御所が来ると作家も遠慮してたんですよ。ボクらには容赦なく痛いところをついてくるような台詞を書くのに、天龍さんのところは曖昧になってて。でも俺が「何を言ってるかわかんねえ」みたいなことを言って天龍さんが怒らなかったから、そこから作家たちも調子に乗って書くようになってね。

――作家さんたちもどこまで踏み込めるか手探りでやってたんですね。

TAJIRI　ハッスルの後楽園とか毎回パンパンに入ってま

したけど、実券はどれくらいだったんですかね？

坂田　実券は出した分、ホントに全部なかったらしいですよ。当時『ハッスル・ハウス～クリスマスSP～』のチケットを並んで買おうとしたけど2日間とも買えなかったっていう人もいましたから。まあ、後楽園札止めでも儲からなかったんでしょうけど。

安生　だって出るお金がデカいからね。そこもUインターと一緒だよ。後楽園でやっても利益が出ないから、毎月のように武道館でやらないと回らなかったんだから（笑）。

――そこもUインターを踏襲してしまったと（笑）。

安生　学んでないよな～（笑）。

――後楽園なんて黙っていても満員になるのに、毎回新しい芸能人とか投入してましたもんね。

坂田　川田（利明）さんのネタコーナーがあったときでしょ？

――江頭（2：50）さんとか小梅太夫とかが出てきて（笑）。

川田さんもハッスルで化けましたよね。

安生　川田さんは自分の中で「これはプロレスじゃないから違う自分を見せる」っていう感覚がちゃんとあったんですよ。ハッスルのほうが素に近いところもあったしね。

坂田　接しやすい人でしたよね。

安生　だから、なんでノアを作るときに外されたのかいまだにわかんない。人間関係も上手そうなイメージがあるもん。ハッスルでは髙田さんの横にかならず川田さんがいるっていうのが飲み会の定番でしたから。

「エスペランサーとグレート・ムタが初めて顔合わせしたとき、会うのは数年ぶりだったみたいでお互いに背中を向けたまま黙っていて」（TAJIRI）

――総統の隣に〝副総統〟がちゃんと付いていたんですね（笑）。

安生　だから川田さんは飲み会でめちゃめちゃ存在感がありましたよ。髙田さんと川田さん、業界ではどっちが先輩なのかな？

――髙田さんがちょっと先輩ですね。デビューが1年だけ違ったはずです。

安生　じゃあ、それがまたよかったんだな。1年違えば先輩だから。

坂田　飲んでるときに川田さんが言ってましたよ。「UWFから新日本に戻ってきたときの髙田さんや前田さんを憧れの目で見てた」って。

――髙田さんは早くからスターでしたからね。

安生　全日本は下積みが長いんだな。

TAJIRI　青森で大会をやったときに前乗りしてホテルで宴会をやったのを憶えてますか？　あのとき天龍さんがでっかいアイスペールに酒をどぼどぼ入れて川田さんと飲み比べして。じつは川田さんのほうは酒で、天龍さんは自分のやつには水を入れてたんですけど誰かがそれを入れ替えて。いざ飲み比べの

とき、天龍さんがピタッと止まったことがあって（笑）。

坂田　あったなー（笑）。

安生　天龍さんと髙田さんがいるんだから凄い飲み会だよ（笑）。

TAJIRI　その翌日、KUSHIDA vsタイガー・ジェット・シンっていう試合があって、KUSHIDAが大流血して殺人現場みたいになっちゃって（笑）。

坂田　シンは凄かったね。俺が思っていたプロレスラー像ですよ。

安生　技がなくてもオッケーっていうね。

坂田　ボクもシンとやったときは震えましたよ。試合を作ってるときからもう尋常じゃないテンションじゃないですか。作りなのに本気でイスを投げてくるし（笑）。

——リハも何も関係なし（笑）。

坂田　ボクは安生さんからの刷り込みもあって「技は必要ない」と思ってほぼパンチとキックだけでやったんですけど、ほぼシンが試合を作って、客も乗ってきておもしろかったんですよね。あとバンプを取らないじゃないですか。

安生　バンプは取らないね。取らないんじゃなくて取れない（笑）。

——あんな大ベテランの一流選手が（笑）。

安生　「なんだそれはどうやるんだ？　こうやるのか？」って聞かれたもん。「えっ、俺がシンにバンプを教えてんの⁉」っていう（笑）。

坂田　だけどコンディションはよかったですよね。

安生　コンディションは凄いよかったですよ。長年バンプを取らずにきたからダメージ少ないもん。

TAJIRI　ボクもシンに「どうしてあなたはそんなに老けないんですか？」って聞いたら、「私は金持ちでストレスがないからだ！」って言ってたんですよ（笑）。

安生　カッコいいなあ（笑）。でも実際にそうなんだろうなあ。

坂田　インリン様とかもシンとの絡みありましたよね？　その作りのときの緊張感はハンパなかったですもんね。

安生　だってシンは相手がケガしてもいいと思ってやってるんだもん。サーベルで観客を殴っていいと思ってるくらいだから。ヒヤヒヤだよ！

——シンってクロマティともやってますよね。

安生　あったな〜。シンvsクロマティって、こんなわけのわからないカードないぞ！（笑）。

TAJIRI　試合が終わったあとにクロマティに話を聞いたら、「私はホントに怖かった」「2週間寝れなかった」って言ってて（笑）。

坂田亘（さかた・わたる）
1973年3月11日生まれ、愛知県稲沢市出身。元プロレスラー・総合格闘家。
1993年にリングスに入団。1994年11月19日に鶴巻伸洋戦でデビュー。リングス解散後、総合格闘技に本格参戦を果たす。プロレスラーとしてはZERO-ONE、ZERO1-MAXを経てハッスルに参戦。後期はナットーマンなるキャラクターで孤軍奮闘。ハッスル崩壊後は『ハッスルMAN'Sワールド』の設立もした。2016年12月31日、RIZINでの桜井"マッハ"速人戦で現役を引退した。

安生　よくやったと思うよ。ハッスル、めちゃくちゃおもしろいな。UWFの話をするのよりはるかにおもしろいよ！（笑）。

TAJIRI　作りの緊張感で言えば、エスペランサーとグレート・ムタが初めて顔合わせしたとき、最初はお互いに背中を向けたまま黙ってイスに座ってて。どっちかがしゃべり出したら、ずっとしゃべってましたね。

坂田　あれは緊張感あったよね。

安生　髙田さんもまさかハッスルで再戦するとは思わなかっただろうな（笑）。

——ムタがドラゴンスクリューから足4の字やっても、エスペランサーには効かないっていうのがよかったですね（笑）。

安生　ヒャッヒャッヒャ！　化身同士とはいえ、同じ手は食いませんよ！（笑）。

——TAJIRIさんが入ってからは、安生さんと2人で試合作りをしていたんですか？

安生　よく一緒に見ながら「どうですかねえ？」「こっちがいいんですかねえ？」みたいな感じで話し合ってましたよ。で、最後のほうになって分担になったんだよね？

TAJIRI　そうですね。なんか分かれてましたね。芸能人関係は安生さんで、ボクは若手をやったり。

安生　その上で全体を見て、髙田総統にどうつなぐかってことを考えてましたね。あんまり選手に好き勝手やってもらうようにはしないで。

坂田　最初の頃、ハッスル仮面とか（金村）キンタローたちのハードコアは好き勝手やらせてたけど、とにかく間延びするから、途中から「これくらいで終われ」ってことだけは指示してましたよね。

安生　それだけだよね。

「道場での集まりにボクが遅れて着いたら、髙田さんが道場の真ん中でイスに座っていて山口さんが土下座してるんですよ（笑）」（TAJIRI）

——金村さんといえば一度危うく死にかけましたよね。ミルコ・クロコップのハイキックを受けて（笑）。

安生　あったな〜。ミルコに寸止めの技術は俺も教えきれなかったわ（笑）。「寸止めだよ」っていうふうには言ってたんだけど、ミルコもあれだけの観客の前でハイキックを出したら、ちょっと力が入っちゃったのかな？

坂田　プロレスデビューで舞い上がったかな（笑）。

安生　だって蹴りの名手であるミルコに、俺が「こういうふうに、こんな感じでここを打て」って手取り足取り教えるわけにいかねえもんな。どう考えても俺より蹴りがうまいんだから（笑）。

——あのとき、ミルコはシークレット公認凶器として出てきたんですよね。

安生　ミルコの蹴りなんてホントの凶器だよ。金ちゃんもいろんな武器に慣れていただろうけど、あんなのに蹴られたらさすがにね。血を流すよりよっぽど怖いもん。

TAJIRI　金村さん、あれから2年近く体調が悪くて、まともに仕事ができなかったらしいですよ。

坂田　へぇ〜。まあ、アイツのまともな体調も見たことないけどね（笑）。

TAJIRI　でも詳しく聞いたらシャレにならないくらいヤバかったみたいですね。

安生　金ちゃんには俺も厳しかったんだろうね。「プロレスラーならある程度は受けられるだろう」って。あれがインリン様にハイキックだったら俺も慎重になったんだろうけど。

坂田　死んじゃいますよ（笑）。

TAJIRI　ハッスルの最後、竹内力（RIKI）さんの頃までいた人って誰がいましたっけ？　KUSHIDAとバンザイ・チエぐらいですか？

坂田　いや、KUSHIDAとチエはもういなかった気がする。

TAJIRI　あっ、そうだ。大原（はじめ）がいたんだ。

安生　アイツは器用でうまかったね。大原はまだプロレスやってるの？

TAJIRI　ノアでやってますね。ハッスルも最後はマッスル坂井とかも入ってきてめちゃくちゃでしたね（笑）。

坂田　あれはどのへんからおかしくなったんでしたっけ？

ＴＡＪＩＲＩ　どこだろう……。最後によくわからない両国大会があったじゃないですか。髙田総統も横綱（曙）もみんないなくなって、竹内力さんが出て。

坂田　あれはもう完全に狂っていたじゃないですか。竹内力さんが来てたときって安生さんっていましたっけ？

安生　あのときはいたよ。

坂田　でも、もう安生さんはもう匙を投げてましたよね。

安生　だってあのときはもう俺は中に入ってないもん。作りもほかの人がやってた。俺が高圧的だっていう話になって（笑）。

坂田　あっ、そういうことだったんですか？

安生　会議に行ったら「安生さんがいると自分の意見が言えません！」みたいな。だから山口日昇（ハッスルプロデューサー）が会議から外れたのがすべてなんですよ。新体制の社長になって忙しいってことで会議に来ないから、もともと最後に「山口さん、どうですか？」って判断を仰いでいたのに俺が決めざるをえなくなったから。

ＴＡＪＩＲＩ　山口さんはＷＷＥのビンス（・マクマホン）的立場でしたもんね。

安生　俺にそんな決定権はないのに「山口さん、どうですか？」って言えなくなったのがすべて悪い。知らない人は俺のこと、暴れん坊で怖い人だと思っていたみたいだから。

坂田　暗がりで、前田さんにうしろから殴りかかるようなイメージだったんでしょうね（笑）。

ＴＡＪＩＲＩ　天龍さんを怒鳴りつけるぐらいの人ですしね（笑）。

安生　だからそういうことを言うんじゃないよ！（笑）。でも「そんな怖い人とまともに話せません」みたいな感じで俺は外れることになったんだから。

ＴＡＪＩＲＩ　最後の両国の頃は、安生さんだけじゃなくボクらも関わっていませんでしたからね。当日、見たこともないわけのわからない台本が控室に置いてあって。最後の数カ月はボクらは誰も関わっていないかもしれないですね。

坂田　まあ、あそこでフィニッシュって感じですよね。最後の両国の前日くらいに山ちゃん（山口日昇）が俺の家に来て「お願いだから髙田さんのところに一緒に行ってくれ」って言うんですよ。髙田さんがカタくなっていて「もうやらない」って感じになっていたみたいで。それで嫌々ついていったんですけど、そのとき「説明も何もしてないんじゃないの？」って山ちゃんに聞いたら「いや、マネージャーを通して伝わってる」って言ってたんで、「いや、それはダメだよ。最初の頃はちゃんと自分で話してたじゃん」って。それで行ったら案の定、髙田さんが「山ちゃんさ、コンセンサスが取れてないよ。急すぎるだろ」みたいな。それで凄くゴタゴタしてましたよね。

――ボクも紙プロの編集長としての山口さんのことはよく知ってますけど、めんどくさい案件があると失踪しちゃう人ですからね（笑）。

坂田　そういう悪いクセがあるよね。

TAJIRI　その頃の記憶で凄く印象に残ってるのが、道場での集まりにボクが遅れて着いたら、髙田さんが道場の真ん中でイスに座っていて、その下で山口さんが土下座してるんですよ（笑）。その横でみんなが固まっていて、西日が差してて空気が止まったみたいな感じで。

――大変な修羅場に居合わせましたね（笑）。

坂田　でもその頃はもう山ちゃんも土下座に慣れてたからな。

「そこまで悪い感情がないっていうのは山口日昇の人間力がハンパないってことですよ。彼がいたからハッスルがあった」（安生）

TAJIRI　横綱が山口さんの胸ぐらをつかんで、足が50センチくらい浮いてたこともあったらしいですよ（笑）。

坂田　それはカネの件で？

TAJIRI　カネの件で。最近聞いた話なんですけど（笑）。

坂田　ハッスルはスポンサーの京楽からのお金が止まってから急激に苦しくなったんだけど、最後の頃だって（京楽の）榎本社長は「そういう状況だったら、山口さんが名古屋まで来て言ってくれればボクは出したよ」って言ってて。それでボクが山ちゃんに「なんでおまえやらないの？」って言ったら、「いや、いろいろあるんだよ……」って言ってて「いろいろってなんだよ、おまえ！」って（笑）。

――また悪いクセが出ちゃったんですね。山口日昇という人は間近で見てどうでした？

坂田　まあ、経営者としてはダメなんだろうけど、ある部分では天才であったよな。

TAJIRI　プロデューサーとしては天才ですよね。

安生　だからみんな山口さんの決定に従っていたわけだからね。もうちょっとリーダーシップがあればよかったんだと思うけど。まあ、こうなってしまったとはいえ、ボクは山口さんに対してまったく嫌な気持ちはないですよ。未払いはありますけど、俺はこの業界にいて人生の半分が未払いみたいなもんだからね（笑）。

坂田　もう未払いに慣れちゃった（笑）。

安生　これまで渡り歩いてきた団体、ほとんどで未払いがあったから。そこらへんに関してはべつに何もないし、「あの野郎、カネ払わねえで！」っていう気持ちはゼロで、楽しかった記憶しか俺にはないですよ。

坂田　ハッスルの未払いでホントに生活が苦しくなった人っているんですかね？

安生　いや、みんな苦しいでしょ。とくに若手は相当苦しかったみたいよ。俺はわりと髙田さんの派閥だから、そんなにひどい未払いじゃなかったけど。話を聞くと、みんなはもっとあったみたいだから。

坂田　ボクも凄い未払いありますよ。それプラス、数百万を貸してますから1000万近くですよ。

安生　マジで⁉　そんなあるんだ（笑）。でもそこまで悪い感情はないでしょ？

坂田　恨んだりする気持ちは全然ないですね。

TAJIRI　そこはボクもまったく一緒です。はい。

安生　だから人によると思うけど、みんな悪感情はそんなに抱いてない。それが山口日昇の持ち味だと思うんですよ。（聞き手のガンツに）なんか悪い感情はあります？

——いや、とくにはないです。

安生　紙プロの未払いは？

——ありますけど（笑）。

安生　ほらね！　だから凄い人間じゃないですか。こんなに未払いがあるのにとくに悪い感情はないっていうのは。

——いま、ここにいる4人全員に未払いがあるんですね（笑）。

TAJIRI　本来なら被害者の会か、債権者集会ですよ（笑）。

安生　でもそこまで悪い感情がないっていうのは人間力がハンパないってことですよ。彼がいたからハッスルがあったというのは間違いない。そういう空気を彼が作ったんだから。だって1万円返さないだけで腹が立つヤツなんていくらでもいるじゃないですか。未払いなんてひどい話だけど、それに代えがたい何かが人としてあったんだろうな。

TAJIRI　あれだけ未払いがあって普通なら怒るじゃないですか。でもそういうヤツがひとりも出てこなかったっていうのは、やっぱりキ○○イしかいなかったんですよ。

——狂気の季節があって、数年間燃え上がった感じですかね。

坂田　いま思うとそうだよね。やってるときは意外と長くやってたなって思ってたけど、いま思えば3年かそこらだもん。悪くなってからの記憶が薄いから、さっき言った大原とか、最後の頃に来たヤツのことはうろ覚えだもんな。マグナム（TOKYO）とかもかわいそうなときに来たなと思ったし。

TAJIRI　ああ、そうでしたね。最後の頃、マグナムを売ろうとしたけど、バックダンサーもろくに用意できないっていうかわいそうな感じになってて（笑）。

安生　マグナムも絶頂期だったら凄いことになってたんだろうね。だっていま言われるまで忘れてたもん（笑）。

TAJIRI　あと末期は○○○○○もいましたよね（笑）。

安生　あれはどうでもいいじゃないか（笑）。

TAJIRI　いや俺ね、「安生さんはやさしいな」って思ったことがあって。○○○○○が道場かどこかに自分で握ったおにぎりを差し入れで持ってきたことがあったんですよ。でも全部形が違っていて、俺は気持ち悪いから食べなくて、坂田さんも「あんな気持ち悪いの食えるか！」って言ってたんだけど、安生さんだけは食ってたんですよ。「かわいそうだろ、おまえら！」って（笑）。

安生　ヒャヒャヒャヒャ！　そりゃ当たり前のことでしょう

（笑）。まったく見ず知らずの人が持ってきたわけじゃないんだから。よく憶えてるねえ〜。

「ハッスルからUFCやWWEに行く人間が生まれた。あらためて凄く素晴らしい団体だったと思うよ」（安生）

TAJIRI　あのときは「安生さん、やさしいな」って（笑）。ボクは最後のほうのめちゃくちゃになった頃、道場に何回も行ってるんですよ。そうしたら債権者が来て荒らしたのかわかんないけど、コスチュームとかもめちゃくちゃになってて。髙田総統のパネルが斜めにガタッてなってたのを見つけて、俺、写真を何枚も撮ってたんだけど（笑）。その中から恐・イタコとか赤鬼蜘蛛とかの主要キャラが置き去りにされてるのを見たらかわいそうで涙が出てきちゃって、全部自分の家に持って帰ったんですよ。海川（ひとみ）のピンクのジャージも持って帰りました（笑）。

安生　それは切ないねえ。

TAJIRI　だからケロロ軍曹の頭はいまもウチにありますよ。あとKIDATA・ローとかあのへんのやつも（笑）。

安生　じゃあ、いつハッスルが復活しても大丈夫だな（笑）。

TAJIRI　ハッスルの若手はけっこうがんばってるんですよ。KUSHIDAはWWEに行ったし、女子のKG、朱里もけっこう売れてるし。

坂田 彼女、運動神経いいし、がんばってたもんね。
──ちょっと前までUFCにも参戦してましたからね。ハッスルからUFCファイターが誕生していたという（笑）。
安生 ホントだよねぇ。元UFCファイターはいっぱい来てたけど、逆は朱里が初だもんね。
TAJIRI 安生さん、練習生で壮士朗っていたの憶えてますか？
安生 あれでしょ、黒潮イケメン二郎。当時、まだ15歳ぐらいだったよね。
TAJIRI そうです。アイツもいまWWEを目指していて、ボクは行けるんじゃないかと思ってるんですよね。
安生 そう考えたら、ハッスルからUFCに行って、WWEにも行くっていう。素晴らしい道場じゃないですか。
TAJIRI こんなプロレス団体、ハッスルだけですよ（笑）。
安生 よくよく考えたら凄いな。UFCとWWEという世界一のメジャーに選手を輩出してるんだから。そんな中、いちばん体格に恵まれていたジャイアント・バボは何をしてるんだって話だけど（笑）。 
TAJIRI あれはさすがに無理でしたね（笑）。
──安生さんはハッスルでいちばん印象に残っている試合はなんですか？
安生 それはもうエガちゃん（江頭2：50）だよ！ あれは凄い。スーパースターだよ。
──タッグで天龍さんや川田さんと対戦したんですよね（大谷晋二郎＆金村キンタロー＆江頭2：50 vs 天龍源一郎＆川田利明＆恐・イタコ）。
安生 あれは極限まで行って最高におもしろかったから「何回でも観たい！」と思ったけど、エガちゃんは1回しかやってくれなかったね。「もうあれを超えることができる自信は俺にはない」って言って。俺もたしかにそうだなとは思った。それぐらい最高だったから。エガちゃんはそのへんのプロ意識が凄いと思ったね。
坂田 わかってますよね。
安生 ハッスルだってエガちゃん再登場のためにカネを積んだ

んだけど、いくら積んでもやらないっていう。なぜなら「あれを超えることはできないから」。

——まさに1回の伝説なんですね（笑）。

安生 おっしゃる通りとしか言えないわ。俺も自信がないもん。同等のものはできたとしてもあれ以上はね。そういう意味では江頭はボクもいまYouTubeでフォロワーになるくらい好きになっちゃったっていう（笑）。

——いまやユーチューバーとして大人気なんですよね（笑）。

坂田 エガちゃんに対しては、天龍さんも川田さんもかなりガンガン入れてましたもんね。よくやったと思うよ。天龍さんとか川田さんの攻撃って俺が受けてもメチャクチャ痛いもん（笑）。

——そう考えると、HG&RGもよくやりましたよね。あの2人と天龍&川田っていう、完全にプロレスラーとしてのカードが組まれて。

安生 もうギブアップしてるのにチョップを打ち続けましたからね。俺もちょっとひどいことをやったなと思ってね（笑）。

坂田 いまあんなのできないですよね。

安生 RGなんて、いまやスターじゃないですか。当時はたいしたことがないと思ってたから、あそこまでやらせたんだけど（笑）。

坂田 RGは安生さんがハッスルで開花させたと思いますよ。

安生 最初はHGについてきた売れない芸人だと思ってたから、「これなら多少ケガさせてもオッケーかな」と思って、ある程度はプロレスの洗礼を浴びてもらったんだけどね。「コイツはケガしても違約金はたいしたことないだろうな」って（笑）。

坂田 RGはハッスルでウケて、自信をつけさせましたよ。

安生 いまやリーチ・マイケルのものまねとか、いろいろやってるもんな～。

——WWEスーパースター、UFCファイターだけじゃなく、あるあるネタの第一人者も輩出してるんですね（笑）。

安生 いや～、あらためてハッスルは凄い団体だったと思うよ。

坂田 でもあの熱は5年、10年は続けられないよね。

TAJIRI ああ、たしかにそうかもしれないですね。会議ひとつでもめちゃくちゃ長くやってましたしね。

安生 あんなの、その都度でメンバーを総入れ替えしないと無理だよ。よくやってたなと思うもん。

坂田 あのまま続けていたら、たぶんみんな白髪でヨボヨボになってますよ（笑）。

安生 でも今日は楽しかったね。またメンバーを変えて座談会やりたいよ（笑）。

TAJIRI エピソードは尽きないですよね。

坂田 小川さんの話とかもっといろいろあるしね（笑）。

——では、また次の機会にやらせていただけたらと思います。シメは髙田総統ふうに「バッドラックだ！」。

鈴木みのるのふたり言

第80回

『入場テーマ曲』

構成：堀江ガンツ

——先日、雑誌『Ｎｕｍｂｅｒ』で棚橋弘至選手とライガーさんの対談をやって、入場テーマ曲について語ってもらったんですよ。

鈴木　へえ、そうなんだ。

——鈴木さんは『風になれ』がいまや世界中に定着してますけど、ファン時代に「プロレスラーになったらこんな曲で入場したい」というのはありました？

鈴木　高校生になって新日本に入る直前にはすでに中村あゆみファンだったんで「俺が有名になったら、この人に曲を作ってもらいたい」っていう考えがあったよ。

——じゃあ、初志貫徹なんですね。

鈴木　うん。自分がいちばん好きな歌手に歌ってもらって、その曲で入場できたらいいなっていう思いは最初からあったから。で、新日本でデビューしたときは入場テーマがまだなくてね。

——いまのファンは知らないでしょうけど、鈴木さんが若手の頃までは第4試合ぐらいまではテーマ曲がなかったんですよね。

鈴木　ないない。若手なんて走ってリングに上がるだけだから。そもそも第1試合から入場テーマ曲をかけるっていうのをやったのは新生ＵＷＦなんだよ。

——当時言っていた「第1試合からメインイベントです」みたいな意味合いから。

鈴木　そのへんはすべて屁理屈だと思うんだけど。本当は選手数が少なくて、試合数が少ないから時間稼ぎ。オープニングの入場式だってそうだよ。

——入場式で時間稼ぎ（笑）。

鈴木　そうしないと午後6時半から始まって8時前に終わっちゃうからね（笑）。

——鈴木さんはＵＷＦに移籍してからテーマ曲がついたんですか？

鈴木　そう。当時、フュージョンっていうジャンルの曲を俺はよく聴いていて、Ｆ1のテーマとか演ってたＴ−ＳＱＵＡＲＥの曲を何回か使った記憶がある。そのあと石田長生さんが作ってくれた『Men with the arrow』っていう曲も1回使った。意訳すると「弓矢のような男」という、要は俺のドロップキックをイメージした曲で。

——ＵＷＦでドロップキックを使っている

鈴木さんは異色でしたもんね。

鈴木　その歌い出しが凄かった。「♪デンデーン、トゥクトゥクトゥク、鈴木！」って掛け声から始まるっていう（笑）。

——当時、選手の名前が入るなんて『猪木ボンバイエ』ぐらいでしたもんね（笑）。

鈴木　石田さんのいわば関西人のノリで作ってくれた曲なんだけど。

——どうして1回だけで終わっちゃったんですか？

鈴木　当時は早く売れたい、カッコよくなりたい、自分がダサいことを自分で認めたくない。だから当時の俺の価値観として「これは違う」みたいな。

——ハタチの鈴木青年はもっとクールにいきたかった（笑）。

鈴木　それで、やっぱり自分の大好きな曲で入りたいということで、中村あゆみさんの曲をかけ始めて。当時はあゆみさんの曲だけど、毎回違う曲をかけて、それからずっとあゆみさん。いつか俺の想いが届いてほしいと思ってね。それでパンクラスになってから一緒によく飲みに行っていた人に「そんなにあゆみちゃんのことが好きなの？」って言われて、「高校時代からいつか俺が有名になったら曲を作ってもらいたいと思っていたんです」ってことを話したら「わかった、俺が話す！　じつはいま一緒に仕事やってるんだ」って言われてね。

——そんなに近い人だったんですね。

鈴木　それからすぐ連絡が来て「会いたい」っていう話になって。「うおー！」って思ってね。

——じゃあ、あゆみさんとは最初から曲を作る前提で会ってるんですね。

鈴木　藤原組のときに紹介してもらって一度会ってるんだけどね。そのときは緊張して、挨拶と記念写真撮ってもらっただけで。曲を作ってもらうってなってからは歌詞のイメージを含らませるために電話で何度も話したり、直接会ったりして。それでほとんど完成した頃、あゆみさんが突然「やめよう！」って言い出したんだよ。

——どうしたんですか？

鈴木　当時、俺はチャンピオンだったから「俺は王者だ！」っていうイメージの曲を作ったらしいんだけど、俺の話を聞くうちに「なんか違う。全部やり直す」って言って、あらためてイチから作り直したのが『風になれ』だったんだよ。俺はチャンピオンのときですら、いつも「何かが足りない」とか「何かがほしい」とか言ってたんだよね。だからいまも古くならないし。

——求め続ける気持ちが歌詞やメロディに反映されたわけですね。

鈴木　それで「できたよ！」って言われて、夜中にスタジオに行って聴いたときの衝撃はいまでも憶えてるね。「これ、俺の歌だ」って思ったから。だからほかの選手とはテーマ曲が決まる過程が全然違うと思う。

——ほかの選手はイメージに合う曲を選んだり、団体が制作を依頼したりする形ですよね。

鈴木　俺の場合は高校時代から想い続けて、あゆみさんと何度も話して、俺の想いを曲にしてもらったものだからさ。

——そして25年間使い続けているわけですもんね。

鈴木　基本の曲は同じだけど、25年の間にバージョンがいっぱい変わったよ。『風になれ完全版』っていうCDが出るぐらいだからね。

――ＢＯＸになってるという。

鈴木　メロディが同じで歌詞が違う『風になれ2』っていうのもあるんだよ。曲に「2」がつくのも昭和っぽいでしょ？（笑）。

――70～80年代にありましたね（笑）。

鈴木　『風になれ2』はなかなか意味深な歌詞なんだよ。ちょうど船木（誠勝）と金網戦をやったときの曲で。あゆみさんが『風になれ』を再録音するときに新しい詞を思いついてね。で、『2』の歌詞はまさに俺が船木に向けて想っていた気持ちなんだよね。

――へえ～、それは偶然なんですか？

鈴木　どっかであゆみさんに話したのかもしれない。曲作り前提じゃなくてね。『風になれ2』の歌詞は検索すると出てくると思うけど、自分がプロレスに復帰して、10年一緒にいた船木と離れた。極論すれば憎しみ合った。そして1周回って同じリングで向かい合ったときにふとこの歌詞が頭に浮かんできて「この曲を使おう」と。いまの自分の気持ちだからと思ってね。

――船木さんとの金網戦での気持ちを歌詞が代弁してくれていたと。

鈴木　で、この日は北岡（悟）が「試合を観たい」って来てくれたんだよ。佐藤（光留）もいたので、彼らに対するメッセージでもあって、あの曲を使ったんだよね。

――『風になれ2』はこのとき1回限りですか？

鈴木　1回しか使ってない。俺はいつも魂を込めて試合してるけど、あのときの船木戦はちょっと特殊な部分が大きかったから。そして試合自体、ぶっちゃけ凄い試合になったもんね。いまは検索すれば観られる時代なんで、みんな観てください。

――ボクもあらためて観させてもらいます。

鈴木　あゆみさんには『2』以外にもいろんなバージョンを作ってもらったけど、いま使っているバイオリン前奏が入った『風になれ』が、あゆみさん曰くファイナル、完成形だって言ってたね。だから『風になれ』は20年以上の年月をかけてできあがったんだよ。

――そういうテーマ曲もなかなかないですね。

鈴木　最初に『風になれ』を作ってもらったときは、使い始めてすぐ俺はチャンピオンから転落して負け始めたから、正直売れなかったんだよ。でもプロレスに戻ってきてからも使い続けてたら「『風になれ』のCDがほしいけど手に入らない」って言われ始めたんだよね。もともとインディーズ盤で１０００枚だけ作ったCDだったからさ。ヤフオクで最高6～7万の値がついてたらしいからね。

――それは相当なプレミアですね。

鈴木　そこまでみんながほしがってくれるのはうれしいけど、音楽的にはよくないから「第二弾を出しましょう」ってことで再販して。そうしたらある日、あゆみさんから電話がかかってきて「10年前に作ったものだからアレンジが気に入らない」と。「アレンジも含めて私が作る」って言い出して。あゆみさんと、亡くなられた鎌田ジョージさんで作ったやつを「これ、使って」ってプレゼントしてくれたんで、それが全日本に移ったときに使ってた曲。これも話題になったので発売したんだけどね。

――全日本参戦時からニューバージョンを使っていたんですね。

鈴木　で、いまから3～4年前かな。ＲＯ

Hのラスベガス大会に出たとき、観客が『風になれ』を大合唱してたね。それが自分が聴く、海外での初めての大合唱だったんで鳥肌がバーッと立って。そのときの映像を誰かがツイッターにあげてたんで、あゆみさんに送ったんだよね。そうしたら「ねえ、新しいのを作ろうよ！　いまのみのるくんに合ったメロディがあるから」っていうことで新しく作り直したと。

——世界に広まり始めて、また新しくしたと。

鈴木　いまではあの歌を知らないプロレスファンは世界中でいないんじゃないかっていうくらい、どの国に行ってもみんなが歌ってくれるんでビックリするよ。もとはと言えば25年前に出した曲が、ダウンロードランキングで2位まで上がりましたからね。奇跡ですよ。CDだっていまだに売れ続けてるからね。

——しかも海外でもダウンロードされるって。そんな曲、あらゆるJ－POPを見渡してもなかなかないですよね。

鈴木　ちなみに原盤はボクが持ってますから。チャリンチャリン入ってくるよ（笑）。

——おっ、印税生活（笑）。

鈴木　そこまでいかないけどね（笑）。でも、いま世界中どこで試合してもみんな歌ってるからね。サビの部分が合唱になるだけじゃなくて最初から歌ってるから。「♪オシエテヨ、ヒトワナゼ～」って（笑）。

——歌える日本語の歌は『風になれ』だけっていう外国のファンはたくさんいるんでしょうね（笑）。

鈴木　だからあゆみさんに何度も言ってるんだよ。「『風になれ』で紅白に行こう！」って。でも俺は昔、補導歴があるから無理かな（笑）。

——コンプライアンス的に（笑）。

鈴木　まあ、チェッカーズだって普通に出てるんだから問題ないだろ（笑）。

——久留米の不良グループがいいなら、横浜の不良も大丈夫と（笑）。

鈴木　だから『風になれ』は、ほかのレスラーの入場テーマソングとはちょっと違うというか、かなり特殊なパターンかもしれないね。もともと俺があゆみさんのファンで、レスラーになってからもずっとラブコールを一方的に送り続けて。それがやっと叶ったところでまず始まってるから。そして俺の心の中を歌にしてくれたものだから、少年・鈴木みのるの言葉のままなので普遍的なんだよね。

——その気持ちを持ち続けているわけですもんね。

鈴木　いまだにいますよ、「なんでこの歌をテーマソングにしたんですか？」って質問する人。「いやいや、俺の歌だから」って。そして『風になれ』はもちろん中村あゆみさんが作詞作曲だけど、一緒に手を加えたのは『翼の折れたエンジェル』を作った人たちだからね。そりゃ日本人の心に届くし、世界まで届きますよ。どこの誰とも違う、俺だけのテーマソング。今年の東京ドーム大会でも2日間を通じていちばん大きな歓声が上がったのは、『風になれ』のバイオリンの旋律が流れたときらしいからね。

——ジョン・モクスリーvsランス・アーチャー戦の直後に流れたときですね。イントロだけで盛り上がる、『クイズ・ドレミファドン！』状態ですね。

鈴木　そういうオチかよ。イントロクイズと一緒にするんじゃないよ！（笑）。

類まれなる身体能力と
華麗すぎるテクニック！
90年代の女子プロレスを
盛り上げた女王降臨!!

玉袋筋太郎

"飛翔天女"
豊田真奈美
変態座談会

収録日：2020年2月9日
撮影：橋詰大地
試合写真：平工幸雄
構成：堀江ガンツ

「肩を脱臼骨折してボルト6本で止められてたんですけど手が挙がらない状態だったんです。それでもなんとか30年やって」（豊田）

ガンツ　玉さん！　今回の変態座談会のゲストは豊田真奈美さんに来ていただきました！

玉袋　いや〜、豊田さんと一緒に飲めるなんて最高だね。いいママだよ〜。

豊田　この対談ってお酒を飲みながらできるんですか？

玉袋　そうなんです。毎回、ゲストと一緒に酒を飲みながら語るという厳しい仕事なんですよ（笑）。

豊田　私、ハイボールならザルのように飲むんですよ（笑）。

玉袋　いいね〜！

豊田　ビールはあんまり好きじゃないんですけど、ウイスキーはいつも家に4リットル入りを常備してます（笑）。

椎名　あの巨大なペットボトルみたいなやつですか？　ボク、あれを買う人は大人だなって思ってて（笑）。

豊田　（ポンプを）シュポシュポやってますよ（笑）。

玉袋　あれ1回押すとちょうどいい量が出るから、お店としてはちゃんと計算できていいわけよ。濃いめが好きな人は2回押すとかね。

豊田　私は1回半ですね（笑）。

椎名　ちょい濃いめで（笑）。どのくらい飲まれるんですか？

豊田　4リットルを増税前に3本買ったんですよ。これで半年くらいもつかなと思ったんですけど、2カ月もたなかった（笑）。

玉袋　凄いね。飲むときはつまみとかを作るんですか？

豊田　家ではつまみを作って食べてます。（スマホの写真を見せながら）きのうの晩酌はこれですね。

椎名　えっ、こんなに立派な料理を!?

玉袋　すごーい！　これお店だよ。もともと料理は好きだったんですか？

豊田　料理は大好きなんですよ。

玉袋　いいねえ。じゃあ、そろそろ真奈美の店がオープンするかもしれねえな。俺たちのなかで「マナミ」と言えば、橋本マナミよりも豊田真奈美だから！

椎名　間違いなくそうですよね。

豊田　ひとりだから寂しいんで、スーパーで買ってきたパック

［変態座談会出席者プロフィール］
玉袋筋太郎（1967年・東京都出身の51歳／お笑い芸人／全日本スナック連盟会長）
椎名基樹（1968年・静岡県出身の51歳／構成作家／本誌でコラム連載中）
堀江ガンツ（1973年・栃木県出身の46歳／プロレス・格闘技ライター／変態座談会主宰者）

［スペシャルゲスト］
豊田真奈美（とよた・まなみ）
1971年3月2日生まれ、島根県益田市出身。元プロレスラー。
全日本女子プロレスに入門し、1987年8月5日、中村幸子戦でデビュー。同年10月にはレスリング全日本選手権65kg級で優勝を果たす。その類まれなる身体能力と華麗なテクニックで90年代の女子プロレス界のスーパースターとしてマット界を牽引。2002年に全女を退団。その後はフリーとして活躍した。長年、首と肩の故障に悩まされ続け、2017年11月3日、大さん橋ホールで開催された『プロレス・豊田真奈美30周年記念興行〜飛翔天女引退〜』で惜しまれながら現役を引退。2018年8月、アイスリボンのスーパーバイザーに就任。

とかで食べてたらもっと寂しい女になると思って作ってるんですけど（笑）。

椎名　俺の知り合いで40過ぎて独身のおねえさんがいるんだけど、先日そんな話になりました。レンジでチンのご飯とか茶碗に盛る盛らないで大ゲンカになってさ。「私はそのままいく！」「おまえ、それじゃあダメだよ！」って（笑）。

豊田　「洗うのが面倒」とか「ひとりだからいいや」とか思ってしまうともっと寂しい気持ちになるので。もう50手前の女がこんな飲み方をしてますね（笑）。

玉袋　豊田さんは全女に入ってどのくらいになるの？

豊田　30周年で引退したので、今年で入って33年目だと思います。

玉袋　じゃあ、俺と一緒だ。今年で33年目だもん。

豊田　芸歴と一緒なんですね。

玉袋　気づいたらあっという間ですよね。ケガもかなりされたんですよね？

豊田　肩に人工関節を入れてるんですよ。17～18年前くらい前にバラエティ番組の収録中に肩を脱臼骨折して。手術してボルト6本で止められてたんですけど、肩がぐちゃぐちゃで手が挙がらない状態だったんです。それでもなんとか30年やったんですけど。

ガンツ　『めちゃイケ女子プロレス』でケガされたんですよね？

豊田　そうですね。まあでも、それは自分も悪いので。

ガンツ　場外へのプランチャでやってしまったという。

椎名　サービスしちゃったんですね。

玉袋　でも、痛くて手も挙がらないまま試合を続けるってのはツラかったろうな～。

豊田　（スマホの写真を見せながら）これが引退の写真なんですけど。最後、みんなに手を振ってるときもこの状態なんです。

玉袋　あっ、右手だけ挙がってない。

豊田　精一杯、手を振ってるんですけど、こっちが挙がらなくて。

椎名　いまはどうなんですか？

豊田　いまはやっと少し挙がるようになりました。毎週リハビリに行ってるので。

玉袋　現役中は痛み止めとか打たなかったんですか？

豊田　打ってました。ブロック注射とか。

玉袋　あれをやると一時的には動くの？

豊田　自分の場合は引退発表する前に頚椎にドカンときちゃって満足に動けなかったんですけど、引退発表したら試合がグンと増えて、動けないけどやらなきゃいけないみたいな。

「レスリングで豊田さんの代わりに出た2位の星川選手が世界選手権で銅メダルを獲ったんですよね」（ガンツ）

椎名　豊田さんが引退発表したら、それはやっぱりオファーが

増えますよね。

玉袋　豊田さんは若い頃、ものすげえ動きしてたから。こっちも「うおーっ！」って興奮しながらも、ケガしねえかってハラハラしながら観てたんだよね。

ガンツ　クレイジーバンプの連続で、〝ゾンビ〟って言われてましたもんね。

豊田　でも25歳まではホントにケガしなかったんですよ。

玉袋　あんな試合を続けてケガしねえのは凄い！

豊田　でも25歳を過ぎてからはどんどん細かいケガが多くなって。

椎名　空中戦とスープレックスが見せ場だから、身体に負担かかりますもんね。

玉袋　あの身体のやわらかさっていうのは、持ち前だったんですか？

豊田　もともと母親が身体がやわらかかったみたいで。

椎名　学生時代、運動は？

豊田　学校の部活程度ですね。しかも中学のときはバスケットボール部だったんですけどほぼ帰宅部でした。もう遊びたいから（笑）。

椎名　でも「この人、どうしてオリンピックを目指さないんだろう？」っていうくらいの運動神経でしたよ。

玉袋　そうだよ。体操とか何やってたってオリンピック行けたんじゃねえかって思っちゃうよな。

豊田　体操の先生には「体操部に入れ」ってよく言われてましたね。

ガンツ　身体はやわらかいし、ジャンプ力もあるし。

豊田　でも入ったら遊べないから入らなかったんですけど（笑）。

ガンツ　豊田さんはプロレスラーとして新人時代、全女所属としてアマチュアレスリングの大会にも出てるんですよね？

玉袋　それも無茶だよな。プロだから強いのは当たり前だって、全然ルールの違うアマレスの試合に出されるんだからさ。

豊田　でも優勝できたんで、第1回全日本選手権の65キロ級のチャンピオンですね（笑）。

玉袋　全日本チャンピオンかよ！（笑）。すげーな、おい。

豊田　当時、女子のアマレスはいまほど盛んじゃなかったので、もう力でねじ伏せるみたいな（笑）。

ガンツ　レスリング協会もこれから女子を普及させるために、話題作りで全女に協力してもらったんですよね。

椎名　当時の全女は全国からフィジカルエリートが集まってたわけだもんね。

豊田　そのとき、全日本で優勝したので世界選手権にも出られるはずだったんですけど、「プロは行けない」ってことで2位の星川（君枝）さんという人が行ったんですよ。

椎名　プロレスとアマレスって全然違うのに「プロはダメ」ってなんだよって思いますよね。

ガンツ　でも当時はそうだったんですよね。谷津（嘉章）さんもジャパンプロレス時代に全日本で優勝して、オリンピックに行こうと思ったけど「プロはダメだった」って。

玉袋　そこで優勝しちゃう谷津さんが凄いよ（笑）。

ガンツ　豊田さんのときの代わりに出た星川選手って、その世界選手権で銅メダルを獲ったんですよね。

椎名　じゃあ、豊田さんもメダリストだったかもしれないんだ！

ガンツ　しかも星川選手はその後、世界選手権で3連続銀メダルを獲得したという。

豊田　私もあのとき「やっぱりアマレスやる！」って言って世界選手権に行ってたら、いま頃コーチになってたかもしれないですね（笑）。

玉袋　ALSOKのCMに出てたかもしれねえな（笑）。

椎名　目からビームとか出したりしてね（笑）。

ガンツ　当時の記録を見ると、豊田さんが65キロ級で優勝、最軽量級では山本美憂さんが優勝してるんですよね。

豊田　美憂ちゃんがまだ中学1～2年生の頃で、私たちも美憂ちゃんのお父さんに教えてもらって出たんですよ。

ガンツ　山本郁榮さんに指導してもらってたんですね。

豊田　で、妹の聖子ちゃんはまだその当時、アマレスをやり始めるか始めてないからくらいでまだちっちゃかったんで、マットのまわりを一輪車で走って遊んでましたね（笑）。

椎名　それがのちにダルビッシュの嫁になるとは（笑）。

豊田　思わないですよね。「あのときに一輪車で遊んでた子が」

って（笑）。

ガンツ　全女にはどういうきっかけで入ったんですか？

豊田　中学3年のときにクラッシュギャルズが全盛期で、たまたま友達に誘われて観に行ったらどハマリしたんですよ。

玉袋　それまでは全然だったの？

豊田　友達は騒いで観てたんですけど、私はプロレスに興味がなくて。でも生で観たら一発でハマリましたね。私は島根のド田舎出身で、島根の人って都会に出るといっても広島か、遠くても大阪までで、東京まで出る人って少ないんですよ。でも私は「日本のいちばんは東京なんだから、大人になったら絶対に東京に出る」っていう気持ちを持っていて。しかもあんな田舎に住んでいたのに「有名人になりたい」って思ってたので、プロレスを観たときに「これだ！」って。

ガンツ　自分の求めるすべての要素を兼ね備えていると。

「脱走は1回だけしました。後輩の井上貴子に『脱走するお金がないから貸して。誰にも言わないでよ』って言って（笑）」（豊田）

椎名　新人時代の豊田さんって凄くおとなしいイメージでしたけど、もともと性格はおとなしくなかったんですか？

豊田　あまりおとなしくはないです（笑）。でも全女に入ったら同期がほぼ関東の子ばかりだったんで、言葉づかいが違うんですよ。それで16歳だったから方言はバカにされると思って、しゃべれなくなっちゃったんです。

玉袋　それはよく聞くよね。

豊田　そうしたら同期が「あんたがしゃべらないから」どうのこうのって怒り始めて、それから徐々にしゃべれるようになったんですけど。

椎名　ウィキペディアに「同期3人から2年間無視されてた」って書いてあったんですけど、ホントなんですか？

豊田　そういう時期がありましたね。

玉袋　2年は長えぞ～。

豊田　そのときは「アンタたち、揃ってやってればいいじゃん。私はアンタたちより人気も実力もあるから」って思うように心がけてましたね。「無視するならやればいいじゃん」って。

椎名　へえ～。

豊田　当時、ひとりひとりとはしゃべるんですけど、3人揃うと総無視ですね（笑）。でもいまは大人なので、みんな凄く仲がいいですよ。

椎名　16歳じゃ、些細なことでケンカもありますよね。

玉袋　夢を叶えようと東京に出るとき、周囲の反対とかはなかったんですか？

豊田　自分は末っ子で、上2人がめちゃめちゃワルいんですよ（笑）。

ガンツ　そうなんですか？（笑）。

玉袋　兄貴？

豊田　お姉ちゃん、お兄ちゃん、自分で。

椎名　お姉ちゃん&お兄ちゃんは両方ワルいんですか？

豊田　両方ワルいんですよ（笑）。だから自分は好きなことをやらせてもらいました。きっと東京に出なかったら私もワルくなってたと思う。

玉袋　全女という日本一厳しい更生施設を経て、いまの豊田さんがあるんだな（笑）。

豊田　でも母親はやっぱり心配だったみたいで。東京の寮に入る日に送りに来たんですけど、全女の事務所前でもうバイバイなんですよ。それで近くのホテルから帰りに道場の前を通ったとき、お母さんが「連れて帰る！」って泣きじゃくったらしくて。

玉袋　そうだよなあ。娘を全女に入れるわけだもんな。

豊田　そのときに父親が「ダメだったらすぐに辞めて帰ってくるだろうから、とりあえずやらせてみよう」って。

椎名　松永兄弟がどんな人たちか知っていたら、絶対に入れないでしょうね（笑）。

ガンツ　でも当時はもの凄い倍率を突破して全女に入ったわけですよね？

豊田　自分たちのときは応募者が2500人いるって聞きました。

玉袋　その狭き門を通っただけで凄いよ。

ガンツ　全女の層がいちばん厚いときですしね。まだクラッシュギャルズも現役で。

豊田　そうですね。クラッシュがいて、JBエンジェルスがいて、ブル中野さんの獄門党があって。まだダンプ（松本）さんやデビル（雅美）さんもいましたから。

玉袋　そのメンバーのいちばん下だもんな～。途中、脱走はしなかったんですか？

豊田　脱走は1回しました（笑）。入って2年目くらいのとき、獄門党の合宿が秩父の山奥であったんですよ。

玉袋　出たーー！　秩父リングスターフィールド（笑）。

ガンツ　獄門党の合宿に豊田さんも参加したんですか？

豊田　当時、獄門党にある同期がいて、自分と下田（美馬）が「いま獄門党で合宿をやってるから、お金もないし、行って手伝ったらご飯を食べさせてもらえるから行こうよ」って手伝いに行ったんです。そうしたらその同期があることないことを先輩に吹き込んでて、行ったら中野さんたちに総シカトされたんですよ。

ガンツ　何か食べさせてもらおうと思って秩父まで行ったのに（笑）。

豊田　それで下田が「もう帰ろう。私、帰る！」って言って。自分は「でも途中で帰ったら辞めなきゃいけなくなっちゃうよ」って言ったけど、それでも「ひとりで帰る」って言うから「じゃあ、帰ろうか」って真っ暗ななかを山を降りて行ったんです。一晩歩き通して、駅に着いたら朝になってたみたいな。で、そのとき自分たちはお金を持っていなかったんですよ。

椎名　ご飯を食べさせてもらうために、秩父の合宿に来たぐらいですもんね（笑）。

豊田　それで1年後輩に井上貴子がいたんですけど、「脱走するお金がないからちょっと貸して。誰にも言わないでよ」って言って、2人で脱走したんです（笑）。

「厳しい世界だよ。全女の徒弟制度でよく聞くのは『新人は先輩たちが飼っている犬以下』とか（笑）」（玉袋）

ガンツ　脱走資金を借りて（笑）。

椎名　いくら借りたんですか？

豊田　1万円借りました。いくらあれば東京まで帰れるかもわからないし。

椎名　貴子さんも渋々貸したでしょうね（笑）。

豊田　で、貴子は「黙ってて」って言われてるから黙ってなきゃいけないじゃないですか。でも私たちがいないことが発覚してまわりが騒ぎになってるのに、自分だけ秘密を知ってて黙ってなきゃいけないことが凄くツラかったみたいですね（笑）。

ガンツ　あとでバレて「おまえ、知ってたのに黙ってたな！」ってことにもなりかねないわけですもんね（笑）。

玉袋　しかも1万円貸し付けてな。結局、全女にはどうやって戻ったんですか？

豊田　東京に帰ってきてから話し合いで、またなんとか残れることになったんですよ。

玉袋　でも出戻りはキツいでしょ？

豊田　そのあとの試合での洗礼が凄くて。

玉袋　うわ～、きたよ！

豊田　全女って多いときは40人くらいいたので、やっぱり派閥があったんですね。で、「いまアイツらが仲が悪いみたいだぞ」ってなれば、わざと試合で当てるんですよ。

ガンツ　さすが松永兄弟（笑）。

豊田　そのほうがおもしろい試合になるからってことで当てるんですけど。私は全女に戻ってすぐの試合で、もう中野さんと当てられましたから。

玉袋　えーっ⁉　制裁だよ！（笑）。

ガンツ　若手の豊田さんとトップのブル様じゃ、格が全然違うのに当てられるんですか！

豊田　もう血まみれでボッコボコですよ。「自分たちが逃げたのが悪いと思え」みたいな。いまだったら大問題ですけどね。だからちょっと前に世Ⅳ虎が（安川悪斗を）ボコボコにしたっていうのがありましたけど、昔の全女では当たり前だったんで（笑）。

ガンツ　制裁が日常（笑）。

豊田　セコンドにつきながら「うわ～、これ絶対に死んじゃう」みたいな試合ばっかり観てたんで。

椎名　ロッシー（小川）は世IV虎vs悪斗のあと、「ああなるとは思わなかった」ってコメントを出してましたけど、元・全女なら誰でも予想はつきますよね（笑）。

ガンツ　全女時代、そういう試合をさんざん観てきた人ですから（笑）。

椎名　あのとき「ロッシーは平気でウソつくな」って思ったよね（笑）。

豊田　ロッシーはワルいですよ。

玉袋　ロッシーはワルい！（笑）。

ガンツ　アイスリボンから選手を引き抜いたときも、とぼけたコメントを出してましたもんね（笑）。

豊田　そうですよ。ジュリアの問題ですよね。

玉袋　なんにせよ厳しい世界だよ。全女の徒弟制度でいうと、よく聞くのは「新人は先輩たちが飼っている犬以下」とか（笑）。

豊田　もう、お犬様なんで（笑）。

椎名　みんな飼ってるんですか？

豊田　けっこう飼ってましたね。昔なんか地方でもホテルに犬を連れて行ったりとかしてたんで。

ガンツ　ステータスだったんですよね。上に行ったら犬が飼えるみたいな。

玉袋　で、その犬を陰でいじめてたら、まったく寄りつかなくなってバレたって言ってたのは誰だったっけ？（笑）。

ガンツ　井上京子さんですね。悔しいから先輩の犬をいじめたら、犬がワンワン吠えて告げ口されたって（笑）。

玉袋　それで北斗晶に「おめえ、いじめたろ！」ってバレたってやつな（笑）。

豊田　アハハハハ！　それはヤバイですね（笑）。

玉袋　でもストレスたまるよな。その頃の巡業なんて、ずっと休みがないわけでしょ？

豊田　いちばん多いときは年間300興行あったんで。とにかく1カ月旅に出っぱなしとかはザラだったんで、家を借りるのももったいないみたいな。

玉袋　息抜きなんかできねえよ。

豊田　「2500分の7」でやっと入れた世界なのに、毎日が「辞めたい辞めたい」の連続なんですよ。ようやく3年目ぐらいで雑用から解放されてきて、プロレスが楽しくなってきましたけど。それまでは事務所の前に電話ボックスがあったんですけど、いつも「今日こそ辞めるって親に言うぞ！」と思って電話をかけたら、母親が「どう？　がんばってる？」ってあっちから先に来るから、もう泣いてるのを気づかれないようにして「うん、大丈夫だよ。がんばってる。じゃあね、バイバイ」って。

「月の真ん中くらいにはお金がなくなって親に電話してました。『大変申し訳ありませんが、お金がなくなってしまいました』って（笑）」（豊田）

玉袋　うわー。あの電話ボックスはいろんなドラマを生んでるわけだな。けっこう上のほうで試合ができるようになってからは、親御さんが観に来てくれたりもしたんですか？

豊田　巡業で西日本のほうに行ったら、ウチの親は九州まで追っかけてきてましたね（笑）。

玉袋　それはうれしいねえ。

豊田　でも母親は私がハタチのときに50歳で亡くなったんですよ。それで母親が亡くなってからはお父さんもパタッと来なくなりましたね。ウチのお父さんは、お母さんが亡くなって1～2週間で新しいお母さんを連れて来ちゃって（笑）。

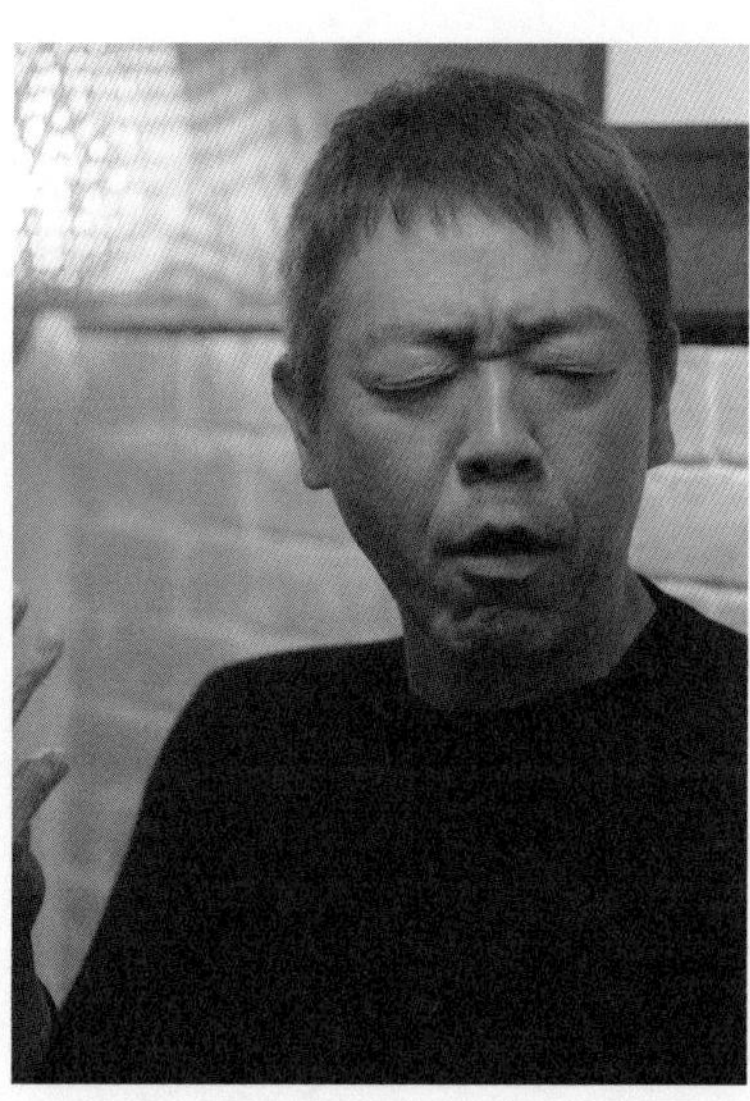

玉袋　あらら……。まあ、それはそれであるでしょう。渡辺謙みたいなもんが（笑）。でも若くしてお母さんが亡くなっちゃったら、そりゃズドンとくるよなあ。

豊田　私が入門して4年目くらいのときですね。なので私が負けた試合しか観ていないので。心配されたまま死んじゃったんだなと思って。

玉袋　まあ、どっかで見ていてくれてるからね。大丈夫だよ。

ガンツ　でも豊田さんって、比較的早くから売れ始めましたよね。

豊田　ちょうど母が亡くなった4年目にジャパングランプリで優勝して、中野さんの赤いベルト（WWWAシングル王座）に挑戦したんですけど。ジャパングランプリも北斗さんがケガをしなければ絶対に優勝できなかったものだと思うんですよ。当時は「平成のシンデレラ」みたいに言ってもらえたんですよ。

ガンツ　それから豊田さんたち昭和62年組と、北斗さんたち昭和60年組の世代闘争みたいな感じになるんですよね。もう私情込みのガチガチの抗争に（笑）。

豊田　北斗さんたちも凄かったですけど、世代闘争っていいながら真ん中の61年組が抜かされてたんで、そのやっかみも多くて。

ガンツ　61年組はアジャ・コングさん、バイソン木村さんの世代ですよね。

豊田　あの2人からのやっかみはなかったんですけど、某タッグチームから（笑）。

ガンツ　ああ、ベビーフェイス側の2人ですね（笑）。

豊田　これは「ピー」ですよ（笑）。全女が初めて横浜アリーナでやったとき、会社からの指示でハイレグのレオタードを穿かされたんですよ。

ガンツ　エアロビで着るような格好ですよね。

椎名　『フラッシュダンス』だね（笑）。

豊田　でも、そのレオタードって61年組の2人がもともと着ていて、私たちは会社の指示で履いたのに「真似された！」とかどうのこうのって言われて。だからなるべくハイレグにならないように下ろしてましたね（笑）。

ガンツ　衣装かぶりにならないように（笑）。

豊田　全然ハイレグじゃなくて、90度みたいな感じで（笑）。

玉袋　赤城マリ子、マッハ文朱くらいの角度にしてな（笑）。そういう人間関係のなか、年間250試合とかやってるんだから、すげえ世界だよ。

椎名　生涯試合数とか凄そうですよね。

豊田　引退するときに生涯で何試合やったかっていうのを調べようとしたんですけど、誰も調べられないって言ってましたね。

ガンツ　パンフに生涯全試合結果とかを載せたかったのに、それができなかったと。

玉袋　でも誰か数えてるマニアとかいるんじゃねえか？

ガンツ　男子のプロレスだと東スポが毎日試合結果を報じたり、週プロに熱戦譜が載ってましたけど、女子プロは熱戦譜がなかったんですよね。

玉袋　そうなると厳しいか。

豊田　だからもう無理って言われて。

ガンツ　新日、全日みたいに東スポが毎日来てるわけじゃないし。昔は全女がわざわざ試合結果を毎日マスコミにＦＡＸとかしてませんでしたからね。

玉袋　全女は売り上げだって報告しねえんだからさ（笑）。

椎名　なるべく知られたくないですもんね（笑）。

ガンツ　税務署にも報告しないくらい（笑）。

豊田　いまで言うブラック企業ですよ。あんなブラックな会社ないですよ（笑）。

玉袋　そうだよなあ。

ガンツ　毎日試合やって、お客だって入ってるのに「なんで給料がこんなに少ないんだ？」って話ですもんね（笑）。

玉袋　新人で入門してくる少女たちは、それまで働いたことないから相場なんか知らねえんだもん。ホントに蟹工船かっていうくらいだから。

ガンツ　給料が少ないだけじゃなく、身体を大きくしなきゃいけないはずの新人が、食べるのにも困るっておかしいですよね（笑）。

豊田　入門してプロになるまで当時5万円もらえてたんですけど、そこからお米代の5000円が引かれて4万5000円。

玉袋　手取り4万5000円か〜。しかも税金じゃなくて、米代を引かれてるっていうね（笑）。

豊田　だからお米だけはあるんですけど、おかずは自分らで調達しなきゃいけなくて。しかも巡業が多いから、帰っても料理を作る元気も残っていないんですよね。そうすると「どっかに食べに行こう」ってなって、外食してたら月4万5000円なんてあっという間になくなって。

玉袋　いまみたいなワンコインの定食屋とか、ほとんどなかったもんな。

豊田　月の真ん中くらいにはもうお金がなくなって、親に電話してましたよ。「大変申し訳ありませんが、お金がなくなってしまいました」って（笑）。

玉袋　送金してくれと（笑）。

豊田　当時は現金書留が届くのがもう待ち遠しくて（笑）。

「メインイベンターになればお金もそれなりにもらえるんですよね？　ダンプさんはプロレスで稼いだカネで家を建てたって」（椎名）

玉袋　拉致されてるようなもんだよ（笑）。それぐらい食うに困ってると、ファンからの差し入れは現物支給がいちばんうれしかったんじゃないですか？

豊田　でも新人のうちはファンと接触しちゃダメだって言われてたんで。先輩がもらって置いていったものぐらいしか食べられなかったんですよ。毎日ミスタードーナツばっかりとか（笑）。

椎名　京子さんは「先輩が食い残したケンタッキーがいちばんのご馳走だった」って言ってましたよね（笑）。

玉袋　それ、飢饉だよ！

椎名　新人は身体をデカくしなきゃいけないんだから、メシぐらい支給しろよって思うんですけどね。

豊田　寮にご飯を作ってくれる寮母さんひとり雇えるくらいのお金は絶対にあるはずなんですよ（笑）。

玉袋　それなのに寮母を雇うどころか、選手を『SUN族』（全女経営の食堂兼喫茶店）で働かせてるんだからな。

椎名　ほぼ強制労働で（笑）。

豊田　ペットボトルに名前を書いて寮の冷蔵庫に入れておくんですけど。お金がないから1リットルのペットボトルに飲み物が少ししか残っていなくても貴重じゃないですか？　それなのに全女で経理をしていて寮の管理もしていたおばさんは「こんなの捨ててしまいなさい」って捨てちゃうんですよ。

ガンツ　命の水を（笑）。

玉袋　RPGでいえばHPギリギリみたいなもんだからな。

椎名　あと一撃で死んじゃうみたいな（笑）。でもおかしな世界ですよね。

ガンツ　カネをかけるところを間違っているという。

玉袋　まあ、従業員は生かさず殺さずっていう、古い形の経営者だよな。

椎名　でもメインイベンターになればお金もそれなりにもらえるようになるんですよね？

豊田　もらってましたね。

椎名　ダンプさんはプロレスで稼いだカネで家を建てたって言ってましたよね。

豊田　ダンプさんは自分たちが入門したときにはもうビッグスターじゃないですか。昔の全女は給料が手渡しだったんですけど、みんなちっちゃい封筒で渡されるのに、ダンプさんとかはでっかい封筒なんですよ。

ガンツ　分厚いだけじゃなく、封筒自体がすでにデカい（笑）。

豊田　それで試合会場へと出発するときにバスの前に新人がみんな並んでると、事務所から給料を受け取って出てきたダンプさんが「ほら、おまえら！」ってお金を撒いてました（笑）。

椎名　マジですか⁉

ガンツ　凄い。まさに昭和のスターですね（笑）。

玉袋　しかしよ～、〝ダンプが現場で取っ払い〟って工事現場と変わんねえよな（笑）。

椎名　じゃあ、スターになればちゃんとした額がもらえたんですね。

豊田　ずっともらえてたのが、全女が株で失敗してもらえなくなったんですよ。株のせいでお金がないのに「客が入らないのは、おまえらの人気がないからだ！」って言われ続けながら。

ガンツ　ひどい。全女も末期の頃ですよね。

豊田　たぶん2年ぐらい給料が出なかったんですよ。それまでお金はいつでもあるものだと思って好き放題使ってたんですけど、それでも定期預金はしていたんです。それで給料が出なくなってからは定期を解約して生活してたんですけど、全女が何回も不渡りを出して、その当時自分がチャンピオンだったんですけど「おまえ、いくらか持ってないか？」って言われて。

玉袋　ひでー（笑）。

ガンツ　給料未払いの上、貯金まで奪おうとする（笑）。

豊田　「いくらか持ってたら貸してくれ。そのお金がないとますぐ倒産する」って言われて。自分が貸さなかったせいで倒産したら嫌じゃないですか。それで「いくらいくらあります」って言ったら「それを貸してくれ。見通しはついてるから」って言われたんですよ。で、その時点で私は貯金がゼロになったんです。

玉袋　うわー。

椎名　貸しちゃったんですか。

豊田　貸して3日後に倒産しました（笑）。

玉袋　ひでえ！　ひどすぎる！（笑）。

ガンツ　3日延びただけ（笑）。

椎名　それは犯罪ですよ。

豊田　その時点で私は貯蓄ゼロですから。

玉袋　それは豊田さんがいくつのとき？

豊田　20代後半ですね。

「対抗戦では全女がナンバーワンと思いつつも、『アイツは強え』と思うような選手もいたんですか？」（玉袋）

玉袋　うあ〜、生き急いでるな。でも豊田さんのおかげで3日もったんだ（笑）。

ガンツ　最後のお別れを言う時間だけは取れたと（笑）。

玉袋　貸さずに安楽死させてやったらよかったんだけど、そうもいかなかったんだろうな。

椎名　それにしてもひどい話ですね。

玉袋　貸したのは豊田さんだけですか？

豊田　ほかにもいましたね。堀田（祐美子）さんとかも。

玉袋　やっぱ、いろんな選手に泣きついてるんだな。

ガンツ　豊田さんが売れ始めたとき、全女も上向いていったんですけど、全盛期を迎えた頃に株で失敗して倒産したという。

豊田　対抗戦ブームに入ってからがいちばん凄かったですけどね。

玉袋　豊田さんから見て、団体対抗戦自体はどうだったんですか？

豊田　いいとは思うんですよ。ただ、私は山田（敏代）と組んでダイナマイト関西&尾崎魔弓とやって、対抗戦の先駆けではあったんですけど、対抗戦ブーム自体には乗り切れなくてダメでしたね。それにうまく乗ったのが北斗さんで。

ガンツ　対抗戦ブームのときは豊田さんや京子さんが凄い損をしましたよね。

椎名　アスリート型のほうが損をするよね。

ガンツ　他団体にライバルがいないから、ライバル物語ができなかったという。

豊田　松永は頭がよくないから、最初の横浜アリーナが満員になったあと、対抗戦を乱発しすぎたんですよね。だからみんな飽きちゃって。

玉袋　武道館とか両国国技館とか、バンバン打ってたもんな。

豊田　あれを1年に一度の祭典にすればよかったのに。

ガンツ　毎月のように女子プロレスオールスター戦が開催されているという（笑）。

豊田　そりゃ見飽きますよね。

玉袋　消費されるのが早かったよな。

ガンツ　だから最初の横浜アリーナが１９９３年4月で、東京ドームが１９９４年11月だったんですけど、その頃にはもう対抗戦も飽きられて終息ムードでしたからね。1年半しかもたなかったんですよ。

玉袋　だから根っからの興行師なんだよな。「ここだ！」と思ったときに一気に行けっていうさ。

ガンツ　ビューティ・ペアやクラッシュギャルズのブームのときも「この2〜3年で稼いでやれ！」っていう商売をしていたから、対抗戦ブームのときも同じ感じでやってしまったんでしょうね。

玉袋　その対抗戦では、全女がナンバーワンと思いつつも、その一方で「アイツは強え」と思うような選手もいたんですか？

豊田　いや、「全女がいちばんだ」って思ってました（笑）。

玉袋　そりゃそうだよな。

豊田　最初の尾崎&関西戦のとき、私がやったドロップキックで尾崎さんがノックアウトっぽくなったんですよね。

ガンツ　最初の一発で、酔っぱらいみたいにフラフラになっちゃったんですよね。

豊田　何年後かになって、尾崎さんに「あんた、やる気でやったんでしょ」って言われたんですけど、私にとってはあれがいつもの普段通りだし。対抗戦だから力が入った部分もあるかもしれないけど、「これが全女だ！」っていうところを見せたかっただけなんですよ。

玉袋　わざと食らわせたわけではないんだけど、普段食らってない人にはとんでもない一撃だったと。

ガンツ　また、尾崎さんは身体も小さいですもんね。

豊田　そうですね。全女だとあそこまで背が低い人はいなかったから、それでアゴにいっちゃったのかもしれないですね。

玉袋　あのドロップキックを観た堺屋太一が「なにごとだ！」って怒ったとか（笑）。

椎名　「けしからん！」と（笑）。

豊田　だからそのあと堺屋先生と会ったとき、「あなたは名前を豊田ナマミ（生身）にすればいいんじゃない」って言われて（笑）。

ガンツ　「ナマで入れるからナマミだ」と（笑）。

玉袋　すげえこと言うな。さすがだよ（笑）。

豊田　心のなかで「なんだ、このクソジジイ！」って思いましたけどね（笑）。もう尾崎さんのことが大好きすぎて。

ガンツ　「ウチの尾崎にナマで食らわせやがって！」と（笑）。

「生活水準を上げた人が下げるのは大変なもんだけど、豊田さんは人のありがたみを感じられたっていうのが深い」（玉袋）

椎名　いま海外で活躍する日本の女子プロレスラーが増えてますけど、豊田さんは海外に行こうと思ったことはなかったんですか？

豊田　自分たちの時代は、けっこうみんなメキシコとかに行ってたじゃないですか。でもあれは日本でいらない人が行かされてたんですよ。それで私は日本に必要だからってことで残されて。当時のＷＷＦ（現ＷＷＥ）からもオファーが来ていたみたいなんですけど。

玉袋　絶対に来るでしょ。

豊田　でも「豊田を日本に置いておかないと困るから」っていう感じで出してもらえなかったんです。

玉袋　俺たちはあの頃、豊田真奈美こそ日本が世界に誇れる最高の〝輸出品〟になれると思ってたもんな。

椎名　ホントそうですよね。

玉袋　レクサス前の「世界のトヨタ」だよ（笑）。

豊田　自分が全盛期のときにＷＷＦに行かせてもらえてたら、いまごろ私はセレブだったかもしれない（笑）。

ガンツ　そうですよ。その数年前は豊田さんの師匠である山崎五紀さんと立野記代さんのＪＢエンジェルスが、向こうで大人気でしたからね。

椎名　行きたい気持ちはなかったんですか？

豊田　機会があれば行きたかったですよ。でも自分の耳に入る前に全部止められてたんです。

玉袋　そうだったんだ。観てみたかったよね。豊田さんがＷＷＦに行ったら、佐山サトルさんのタイガーマスクがＭＳＧに出たときみたいな衝撃を与えたと思うよ。

ガンツ　当時アメリカのマニアの間で、豊田真奈美の試合ビデオが貸し借りされてるって有名でしたもんね。

玉袋　まあ、人生一度っきりだからしょうがねえけどな。豊田さんが世界で活躍する姿を俺たちも観たかったよ。

ガンツ　90年代半ばはＷＷＦもメドゥーサ（アランドラ・ブレイズ）をチャンピオンにして、女子に力を入れようとしていたときですから。

椎名　メドゥーサは全女にいたもんね。

玉袋　メドゥーサもよく全女の巡業についてこれたよな。全女にいた頃のメドゥーサはどうだったんですか？

豊田　メドゥーサはけっこうセクシーなコスチュームじゃないですか。そうすると試合中、たまに見えてるんですよ。

椎名　何がですか？（笑）。

豊田　うーん、具が（笑）。

椎名　具が大きい。安達祐実（笑）。それが見えそうになると。

豊田　だからそれをどうするかがセコンドについてて大変で（笑）。

玉袋　メドゥーサだけに、ヘビがにょろにょろっと出ちゃうんだろうな（笑）。でも全女で修行して、アメリカでスターになるんだからすげえよ。

椎名　そしてメドゥーサがブレイクしている頃、全女はどんどん借金がかさんでいって（笑）。

玉袋　結局倒産だもんな。その後、豊田さんはどのような身の振り方をしたんですか？

豊田　どうしようっていうよりも、なるようにしかならない状態で。そこからの貧乏生活だったんですけど、私は貧乏になっ

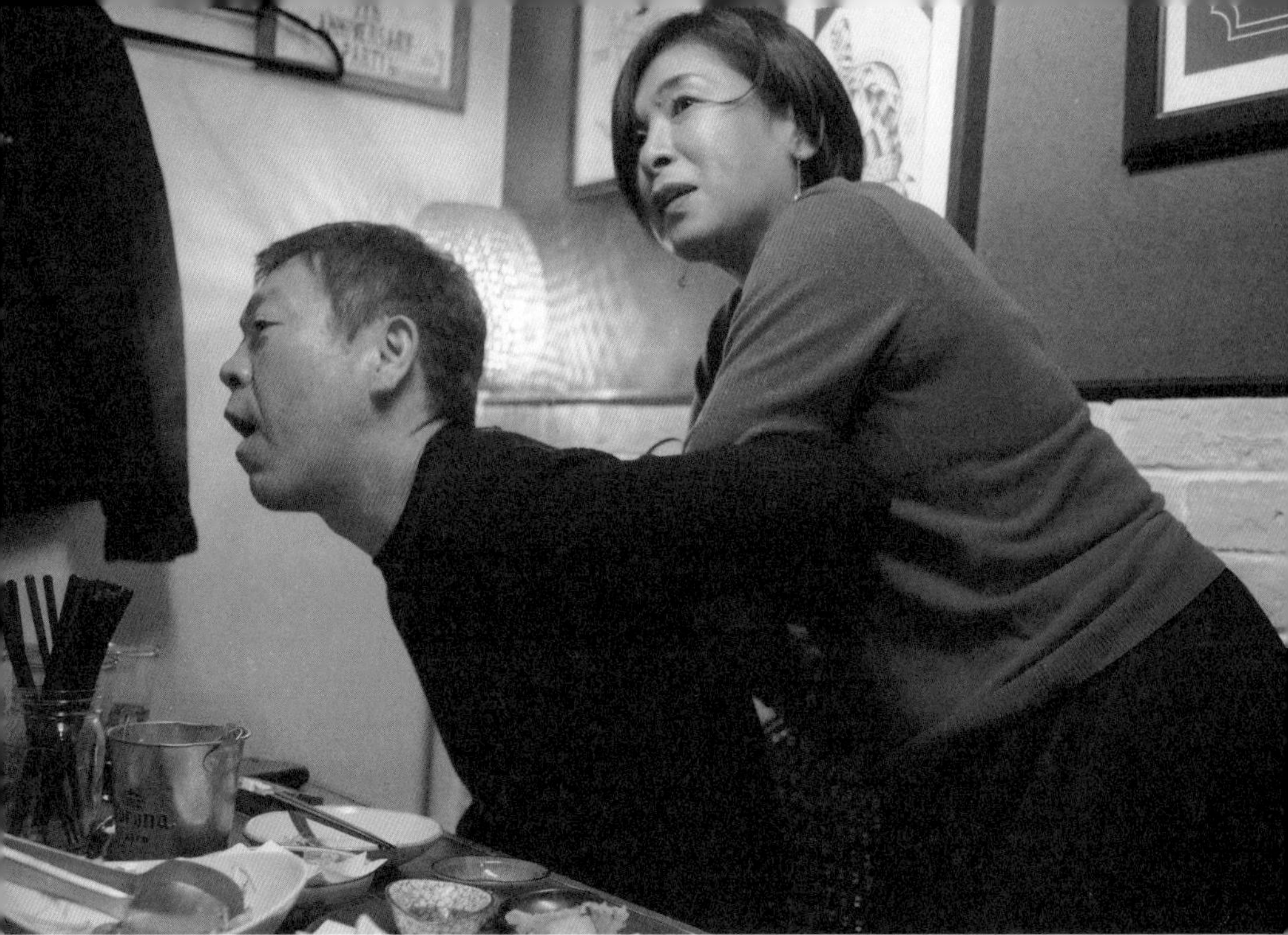

てからのほうが楽しくて。

玉袋　へえ～。そうなの？

豊田　たとえばお金をたくさんもらってた頃は、高級スーパーに買い物に行って、値段も見ないで買い物かごにバンバン入れてたんですよ。それが貧乏になってからは、普通のスーパーで「えーっ、こんなに安く買えるの⁉」みたいな（笑）。

ガンツ　小さな喜びを感じられるようになったと（笑）。

豊田　そういう小さな喜びが楽しくて。あとはお金があったときは「いいよ。私がごちそうするよ！」って言ってたけど、貧乏になってからの人付き合いのほうが人が温かくて。お金を持ってたら、それだけで寄ってくる人もいるし。だからお金がなくなってからの付き合いのほうが、人間らしくて楽しいんじゃないかなって。

玉袋　カネがなくなってから、誰が本当の友達だったのかわかったりするんだよな。

豊田　だから私は貧乏になってホントよかったなって思います。もしかしたら海外で生活していてセレブだったかもしれないですけど。

玉袋　生活水準を上げた人が下げるのは大変なもんだけど、豊田さんの場合は人のありがたみを感じられたっていうのが深いね。

ガンツ　豊田さんは若くしてスターになったから、全女が潰れてから初めて普通の生活というか、一般人に近い生活をした感

じだったんじゃないですか。

玉袋　パチンコの打ち方もたぶん変わったと思うよ（笑）。

豊田　変わりましたね。1円パチンコとかに行ったり（笑）。

玉袋　1パチだよ（笑）。

豊田　ただ、パチンコはパチンコだけど、やっぱり1円じゃつまんないじゃないですか。

ガンツ　興奮度が違う（笑）。

豊田「これ、4円だったらこれだけあるのになあ……」って思いながら打ってましたよ（笑）。

「人生1回しかないんだから、楽しいと思えるようにならなきゃダメ。こんな波乱万丈な人生で逆にありがとうです（笑）」（豊田）

ガンツ　全女の末期って多くのトップレスラーがどんどん抜けていきましたけど、豊田さんだけが残ったのはどういう理由からだったんですか？

豊田　それは、そのとき私が赤いベルトを巻いたチャンピオンだったからですね。自分がやっとベルトを獲ったときに会社がバカなことをして「ここから私の時代だ」と思ってるところで全女が株なんかに手を出してそんな状況にさせられて。自分がチャンピオンで責任があるので抜けられないというか。

ガンツ　全女が元の日銭商売を続けていたら、まだまだ続いていたんでしょうけどね。

豊田　でもお金を持ってると「もっと増やせますよ！」って言う人が寄ってくるんですよ。

椎名　それにコロッと騙されて（笑）。

豊田　いいようにそそのかされて無様なことになって。

玉袋　でも元・全女の人たちの話を聞くと、そのたくましさを毎回感じるよね。すげえな、俺なんかまだまだ甘えなってさ。

椎名　落ち込んじゃいられないって思うもんね（笑）。

玉袋　普通、給料未払いで最後は貯金まで奪われたら恨み骨髄になると思うよ。それを笑って話せるんだから。

椎名　俺だったらもう毎日そのことばっかり考えちゃうかも。朝起きたら「アイツのせいで〜、バッキャロー！」って感じで（笑）。

玉袋　でも、それを何年も引きずるのもバカバカしくなっちゃうのかな？

豊田　貯蓄ゼロになったときは頭にもきましたけど、いまは「凄く楽しいな」と思って毎日生きているので。

ガンツ　素晴らしいですね。

豊田　あれがあったから、いまが楽しく感じられるのかなとも思えるし。人生1回しかないんだから、楽しいと思えるようにならなきゃダメだと思うんですよね。いい思いもしたし、変な思いもしたし、こんな波乱万丈な人生で逆にありがとうですね（笑）。安定している生活もつまらないじゃないですか。

玉袋　そう思えるところが豊田さんの凄さと強さだよ。

豊田　いまは毎日楽しんでるんで、明日死んでも全然悔いはないです。最近は毎日ひとり晩酌しながらも楽しんでるんで（笑）。

椎名　昼間からは飲まないんですか？

豊田　昼間からは飲まないです。自分はアル中じゃないと信じたいんで（笑）。

玉袋　素晴らしいよ。じゃあ、豊田さんが選ぶ自身のベストバウトは？

豊田　それがわかんないんですよね。常にどの試合にも反省点があるんで。だから自分が選んだわけじゃないけど、お客さんの評価でいえば、東京ドームでやったアジャ・コングさんとの試合とかですね。

ガンツ　『V☆TOP WOMAN日本選手権トーナメント』ですね。

豊田　その試合が凄く評価されていて。

ガンツ　トーナメント1回戦がいちばん凄かったという。

豊田　あともう1個挙げるなら、京子との60分フルタイム。

ガンツ　あれも極限の試合ですよね。対抗戦ブームが終わったあと、対抗戦であまり目立てなかった天才2人が持てるものを出し尽くすような試合で。

玉袋　これが全女なんだよな。

椎名　京子さんは試合して、インパクトありました？

豊田　京子は天才ですね。

椎名　強いですしね。

玉袋　そうだな。酒も強かったな（笑）。

椎名　もの凄くキップがよくて、この座談会に出てもらったときもシャンパンとかすっかりご馳走になっちゃって。いまだに申し訳ないなって思うもんね（笑）。

玉袋　あれはカッコよかったよな。京子ちゃんはハイボールをチェイサー代わりにモエを飲んでたっていう。

椎名　女・天龍って感じがするよね（笑）。

玉袋　豊田さんは男子プロレスはどう観ていたんですか？

豊田　自分が現役時代は他人の試合を観なかったんですよ。人のプロレスを観たりすると、「ああ、これはいいな」って思いながら真似をしちゃったりするじゃないですか。だから自分は真似はしたくないし、独自の感性で観なかったんです。あとはプロレスをやるのは好きだけど、観るのはそんなに好きじゃないと現役のときは思ってたんですけど、引退してからいろんな試合を観に行くようになって「やっぱりプロレスっておもしろいな」と思えるようになりましたね。

ガンツ　あと最近の話題でいうと、ジャパニーズオーシャン・サイクロン・スープレックスの無断使用問題とかありましたよね。

豊田　あれはロッシーが勝手にやらせたんですよ。ロッシーがワルいんです。

椎名　やっぱりロッシーがワルい！（笑）。

豊田　それで「技の名前は俺が考えた」って言うし、バカヤローって感じですよね（笑）。

椎名　広報として名前をつけただけで、開発してねえじゃねーかって（笑）。

ガンツ　でも、もともと全女には「技は先輩から伝承する」という暗黙のルールがあったんですよね。

豊田　使ってくれること自体は私もうれしいんですよ。でも勝手に見ず知らずの人が使って、しかもスターダムっていう（笑）。あの技は男子には日高郁人、女子には藤本つかさにきちんと伝承してるのに、知らないところで使われているのが嫌で。それでツイッターって文字数が少ないし、私は頭が悪いからパッと書いたことが大炎上しちゃったんですよ（笑）。

ガンツ　いまの女子プロレスファンは、かつての全女がどうだったかっていうのを知らない人が多いですからね。

玉袋　知らねえのか。くそー。

豊田　「ホント器がちっちぇえな」とか、凄いいろいろ言われて。

「業界にも豊田真奈美信者がたくさんいたじゃないですか。たとえば、もうずいぶん前に亡くなったターザン山本！とか」（玉袋）

椎名　ちなみに島根県出身だからジャパニーズオーシャンなんですか？

豊田　まあ、小川さんがつけたんですけど。島根県は日本海に面していて、日本海は「ジャパニーズシー」なんですけど、それだと語呂がよくないし、オーシャンのほうがスケールが大きい感じだからって理由でつけてもらったんですね。で、私がこのジャパニーズオーシャン・サイクロンを開発して「これを今度の試合でやりたい」って言ったんですよ。そうしたら小川さんが当時広報担当をやってたんですけど、まだ技を出してもいないのに、その日発売のパンフレットに「得意技はジャパニーズオーシャン・サイクロン・スープレックス」って書かれたんですよ。どう思います？（笑）。

椎名　デリカシーがないですね（笑）。

玉袋　ネタバレだよ（笑）。

豊田　ネタバレですよ。そんな技、誰も知らないのに（笑）。

玉袋　まあ、実況の志生野温夫さんは知っていても覚えられないけどね。

豊田　「うしろに投げましたー」ですよね（笑）。

玉袋　あと豊田真奈美信者っていうのは業界にもたくさんいたじゃないですか。たとえば、もうずいぶん前に亡くなったターザン山本！とか。

ガンツ　いや、噂によるとまだ生きてるらしいですよ（笑）。

玉袋　あっ、まだ生きてんのか、あれ？

豊田　こないだイベント（『闘強魂』）で会いましたけど、あいかわらず派手ですよね。

玉袋　まあでも、どん底を打ってあれだけ開き直って派手な格好で生きてるんだから凄いよ。あの持ち前の鈍感力だよな。

椎名　ホントに勇気づけられますよね（笑）。

玉袋　あれこそ、村西とおる監督の言う「死にたくなったら下を見ろ、俺がいる」だよ（笑）。

豊田　山本さんには週プロの編集長時代、選手名鑑の表紙を独断と偏見で私だけっていうのをやってもらったことがあって（笑）。

ガンツ　週プロ編集長時代末期ですよね。いちばんやりたい放題やっていた頃で。選手名鑑号の表紙って普通は各団体主力選手20人以上の顔を並べるもんですけど、なぜかその年は豊田さんだけで（笑）。

玉袋　あれは凄いラブコールだよ。

ガンツ　しかも付録のカレンダーも12枚あるから、各団体のエース級をその月ごとに配置するはずなのに、なぜかその年は1月から12月まですべて豊田さんという（笑）。

豊田　そうでしたっけ？（笑）。

玉袋　すげーな、それも（笑）。

ガンツ　もう私物化も甚だしい（笑）。

椎名　誌面でそれだけやってて、会ったときにラブコールされないんですか？

豊田　こないだ1月5日にお会いしたときは目つきが怖かったですね（笑）。

玉袋　あの野郎、まだそういう目で見てるのか（笑）。
豊田　ツイッターで「長年連れ添った夫婦のような感じがした」ってつぶやいてて、「全然違うし」と思って（笑）。
玉袋　気持ちわりぃな（笑）。
豊田　山本さんは70何歳で20歳以上も離れてるのに、夫婦どころか私のお父さんの歳じゃんみたいな（笑）。
ガンツ　90年代当時は「俺の子どもを生んでほしい！」みたいなことも堂々と書いてましたからね。
椎名　誌面でそんなこと書くって、ホントにどうしようもないね（笑）。
ガンツ　しかも、まだ結婚していた頃で。
玉袋　鈴木健に盗られる前か。
椎名　まあ、捨てられて当然ですね（笑）。
豊田　楽しいですね（笑）。
椎名　でも豊田さんは凄く人気があったから、ターザンみたいなのじゃなく、いろんなアプローチもあったんじゃないですか？
玉袋　そりゃあ、言い寄られるでしょう！
椎名　モテモテだったと思いますよ。
豊田　ないですよ（笑）。
玉袋　またまた～、こうやってかわしていくんだよな（笑）。
椎名　パチンコ屋で「お嬢さん、この球をどうぞ！」ってのはなかったんですか？
豊田　ないです。三禁なので（笑）。
玉袋　まあ、そこはファンタジーを守ろうってことだよ。
椎名　でも、三禁ってホントに守られてたんですか？（笑）。
豊田　けっこう守られてましたよ。でも私が25歳を過ぎて、全女の経営もおかしくなったときに暗黙の了解で三禁ってなくなりましたね。
椎名　経営が傾いてなし崩し的になくなったんですか（笑）。でも、それまで表向きにはちゃんとあったんですね。
豊田　全盛期のときは、それを破ったらスター選手でもクビっていう感じで厳しかったですね。
玉袋　それで統制がとれていたんだろうな。
豊田　昔はそれだけ強く出られる会社だったから。でも末期は会社がそんな文句を言ったら、みんな辞めちゃいますからね。
椎名　昔は夢を叶えるためには全女しかなかったわけですもんね。
豊田　昔のお金があった頃の全女は夢がありすぎましたね。
ガンツ　ボクらもファンとして夢を見させてもらいましたよね。
玉袋　今日だって豊田さんと一緒に飲めて、夢のようだよ。当時憧れていた最高のレスラーなんだから！
豊田　ありがとうございます。そう言っていただけたりすると、プロレスやっていてよかったなって思いますね。

Times
車場提携先ご案内
提携先募集中
199円

自己投影観戦記
～できれば強くなりたかった～

第96回　最強の男はリングスが決める2020

椎名基樹

「世界最強の男はリングスが決める」、言わずもがな、かつて前田日明が率いた〝総合格闘技団体〟『RINGS』のキャッチコピーだ。1991年当時、同団体が世界で唯一のプロ総合格闘技団体であること（ある側面から見てです！　諸処意見があるでしょうが）を誇示した謳い文句だった。

後発の総合格闘技団体『PRIDE』は、それに対し「最強を決めるのは、もう少し待ってくれないか」と挑発的なキャッチコピーを返した。結局、MMAという新たなスポーツを武器にしたPRIDEに呑み込まれる形で、RINGSは消滅してしまった。

だが、PRIDEの王者となり、世界最強の男として全世界に名を轟かしたのは、RINGSが育成したエメリヤーエンコ・ヒョードルだった。ヒョードルは「リングスルール」で闘うために育てられた選手だ。その選手がMMAルールでも他の猛者を圧倒した。「結局、最強を決めたのはRINGSだったじゃねぇか」。ファンは多少の皮肉を込めてそう言った。

PRIDEの継承団体である『RIZIN』のトップに立ち、同団体を一躍押し上げた朝倉未来、朝倉海も、前田日明が立ち上げた『THE OUTSIDER』の選手だった。ヒョードルのように育成まで関わったわけじゃないが、前田の求心力が引き寄せた選手だ。これは偶然だろうか。

前田が「最強の男」の幻想を纏い、カリスマ性を得た要因は、乱暴に言ってしまえば「アンドレとの不穏試合」と「ニールセン戦」だ。誰もが前田との対戦を避け、怪物が刺客として差し向けられたことによって幻想が膨らんだ。ニールセンとの前時代を置き去りにするような名勝負の完成度が、未来の「総合格闘技」の形を提示した。

だが、私はそれ以上に前田日明の格闘技プロデューサーとしての創造性が、彼の格闘家としての価値を高め裏づけているのではないかと思う。第二次UWF、RINGS、THE OUTSIDER、これほどたくさんのおもしろい格闘技団体を作り上げた人はほかにいない。

柳澤健は『1984年のUWF』（文藝春秋）の中で「新生UWFは、佐山が作ったシューティング・ルールを（前田は否定したにもかかわらず）ほぼそのまま採用した」と、前田日明を非難した。

しかし、前田日明のユニークなところは同じく「ほぼシューティング・ルール」を採用したRINGSで、世界中の外国人たちに相互理解もあやふやなまま、一応はフィックス・ファイトと言いながら時にそれが破られてしまう状態で闘わせてしまう乱暴さにある。その乱暴さが前田日明の真骨頂で、そこに彼の創造性があると私は思う。

ワープロにルールを打ち込んでいったという佐山サトルの創造性の個性と比べると、前田のそれはコロンブスの卵的であるが、それこそが常人には難しい。不良たちを集めて闘わせてしまえという、発想の乱暴さもまたしかりだ。

佐山はスポーツを作ろうとし、前田はプロ格闘技を作ろうとした。前田日明が作る団体は世間に訴える華やかさがあり、なんと言っても興行のおもしろさがあった。前田の団体にはヒョードルや朝倉兄弟といった格闘オタクではない、ハングリーな男たちを惹きつける魅力があった。

そもそもルールの盗用など歓迎すべきことだ。修斗はいち早くバーリ・トゥード（以下VT）のルールを採用してブレイクを果たした。佐山が考案し前田が盗用したというシューティング・ルールなど、いまやどこにも存在しない。

そして、PRIDEは修斗の「ドント・ムーブ」ルールを拝借した。かつて佐山は「ドント・ムーブ」ルールを「一般的なVTのルールだ」とドヤ顔で紹介した。しかし、それは佐山流のハッタリだっただろう。当時のVTなぞ、一般的もクソもないマイナーな存在だった。伝説のような大昔のブラジルのVTの映像の中で、あのルールを発見したのだろう。

その「ドント・ムーブ」ルールを採用し、アマチュア修斗で普及し一般化したことで、このユニークなルールが定着し、同時にレフェリングの技術も発達した。このことがリングでのMMAという日本独自のスタイルを作った。

佐山が作ったシューティングは消えてしまったが、私は「ドント・ムーブ」ルールのリングを使ったMMAはシューティングだと思っている。修斗が「ダウンカウント」を廃止したとき、私は歓迎した。世界的にMMAがルール的に統一されるべきだと思ったからだ。だが、いまはダウンカウントがあってもおもしろいと思う。それが修斗という団体の個性やアイデンティティになりうる気がする。MMAは統一から個性を打ち出すべきだと考えが変わっている。

RIZIN旗揚げのとき、榊原代表のインタビューで「リングで闘う」と聞き、当時はがっかりした。MMAとはつまり「ケージ・ファイティング」だと思ったからだ。リングのMMAは時代遅れに思えた。

しかし、いまMMAは「ケージ・レスリング」つまり金網を使って立ち上がるという、観客としてはじつに退屈な技術が発達してしまい、寝技の展開が極端に少なくなってしまった。それを見ると「あれ？ リングMMAのほうがおもしろくねえ？ しかも〝路上のルール〟に即してねえ？」と思ったりする。

ところでMMAのケージって高すぎない？ ボクシングの最上段ロープほどでよくない？ 見やすいし。ケージ・レスリングも制限するだろうし。あの高さ、プロレスの金網デスマッチの影響だよね。

DDTに続きノアもサイバーエージェント傘下に！　プロレス界きってのキレ者をご紹介します。

武田有弘

［ノア・グローバルエンタテインメント執行役員］

「これからはちゃんと計算のできるタカ派でありたい。かつて武藤さんが『俺たちはやっぱ新日本育ちだからよ』って言っていたことがあって、やっぱり何か大きなこと、派手なことをやりたいっていう気質があるんですよ」

収録日：2020年2月13日
撮影：タイコウクニヨシ
写真：©プロレスリング・ノア
聞き手：井上崇宏

vol.3 5月2日(土) 大田区総合体育館
NOAH the CHRONICLE
第33代GHCヘビー級選手権者
潮崎豪
プロレス
見たけりゃ
NOAHに
PRESENTS NOAH the CHRONICLE
vol.2 3月8日(日) 横浜文化体育館
プロレス
見たけりゃ
NOAHに
い!!
NOAH

「猪木事務所内にあった新日本のコンテンツビジネスの部署で仕事をしていました」

――武田さんと私といえば、長州さんのツイートにしばしば名前を出されるつながりなんですけど（笑）。

武田　ああ、〝山本さん〟とね（笑）。

――長州さんのツイートのなかで、リツイートと「いいね」の数があんまり伸びなかったのが武田さんネタのやつですよね（笑）。

武田　ちょっと！（笑）。それはイメージダウンだなあ。ボクがすべったみたいじゃないですか。

●長州力の2月1日のツイート
《上手く行ってると思ったらつまづきそうになるね…武田君今夜は久しぶりに会えて飯を食べながら飲めて…体だけは家族のためにきおつけて…無理をしないで少し止まれば》（原文ママ）

――そのツイートで武田さんが元気なさそうな雰囲気を感じて、今日は飛んできたんですよ（笑）。

武田　ボク、元気ないんですかね？（笑）。あの日は長州さんと六本木で飲んだんですよ。例の会見の翌日で、丸藤（正道）副社長がAbemaニュースに出るから、そこの立会いであまり時間がなかったんですよね。だからちょっと慌ててはいたんですけど、元気はありました（笑）。

――つまづきそうになってはいない（笑）。武田さんはじつは『KAMINOGE』初登場ですよね？

武田　1回も出ていないですか？　井上さんとはいつも話をしてるから『KAMINOGE』にも出ている気になっていたんですけど（笑）。

――ボクは武田さんと同い年ということで勝手にシンパシーを抱いているんですよ。

武田　それはボクもですよ。

――基本的にボクらって責任を取りたくないタイプじゃないですか？　責任は取りたくないけどおもしろいことはやりたいっていう、ちょっと都合のいい感じで。

武田　まさにそうですね。

――でも、やっぱり50前にもなると責任を取らなきゃいけないポジションに就く人も出てくるんだなと思って（笑）。去年、武田さんがノアの社長に就任したときは驚きましたよ。

武田　すっかりそういう年齢なんですよね。

――多くのプロレスファンも共有している情報だと思うんですけど、武田さんはもともと新日本でこの業界でのキャリアをスタートさせた人で、途中、武藤（敬司）さんたちと一緒に全日本に行ったんですよね。

武田　そうです。新日本から全日本に行って。

――それで小島（聡）さんと同じタイミングで新日本に戻った

んでしたっけ？

武田　いや、ボクのほうが先ですね。あのとき全日本に行ったメンバーは結局空中分解して、ボクは真っ先に1年くらいで全日本を抜けたんですよ。

――武田さんは癇癪持ちですもんね。

武田　癇癪持ちではないですよ（笑）。

――嫌なことは嫌ですもんね（笑）。

武田　あとは若かった（笑）。それで辞めて、そうこうしているうちにユークスが新日本を買収したんですよ。そのときに菅林（直樹）さんから「何してるの？」みたいな連絡があったんですよ。それで「何もしてません」って言ったら「いまから来れる？　ユークスの人を紹介したいんだけど」って。それですぐに着替えて行ったんですよね。

――それは「新日本に戻ってこい」っていう話だったんですか？

武田　そうですね。

――これは武田さんの社会人としての強さを示すいいエピソードですね（笑）。

武田　いや、ボクじゃなくてそれが新日本プロレスの凄いところ、懐の深さじゃないですか。レスラーの方でも一度辞めて戻った選手はけっこういますし、フロントでもボク以降はそういう人がたくさんいたんですよ。

――武藤さんたちと全日本に行く前、新日本ではどんな仕事をしていたんですか？

武田　2回ほど出戻ったから、ちょっとボクの記憶も曖昧なんですけど（笑）、1回目は新日本が六本木センターから渋谷区東に事務所を引っ越したときのタイミングで「コンテンツビジネスの部署を作る」ということになったんです。だけど新日本の事務所が手狭だから猪木事務所のほうにコンテンツビジネスの部署だけ引っ越して、そこで仕事をしていましたね。

――あっ、新日本のいち部署が猪木事務所のなかにあったんですか。当時、猪木事務所は新日本のオフィスと道を挟んでほぼ向かいにありましたよね。

武田　そうです。そこでけっこう新しいことをやりましたよ。長州vs大仁田をスカパー！のPPVでやったり、あの頃に初めてｉモードが誕生して、文字情報が売れる時代だったので、そのためのサイトを作ったりとか。それから武藤さんが全日本に出るようになって、三冠王者になったんですよね。ボクは最終的に武藤さんから誘われて新日本を辞めたのかな？

「ずっと新日本にいようとは思わなかった。2回も辞めたボクがいい思いをするわけにはいかないですから（笑）」

――武藤さんに誘われるってことはもともと仲がよかったんですか？

武田　そうですね。20代の頃、ボクは宣伝部のｎＷｏ担当だったので、上司が蝶野（正洋）さんと武藤さんみたいな感じだったんですよ。

――カッコいい。黒い部署（笑）。

武田　営業担当だったら営業部というのがしっかりとあって、上井（文彦）さんがいて菅林さんがいてって感じだけど、宣伝部は選手と一緒に外に出て行動することが多いので、この業界のことはすべて武藤さんと蝶野さんから教わるみたいな感じだったんですよ。それである日、武藤さんから「俺、全日本に行くから一緒に来いよ」みたいな。「おまえ、不満あるだろ」って（笑）。

――「おまえ、不満あるだろ」（笑）。

武田　とくに辞めるほどの不満もなかったんですけどね（笑）。

――でも、ちょっとそっちに乗ってみようかみたいな。

武田　そうですね。

――それが全日本に行ったら辞めるほどの不満があったと（笑）。

武田　そういうことです！（笑）。

――やっぱり当時の全日本と新日本って完全に水と油ですもんね。

武田　やり方も考え方もまったく違いましたね。それもいまだったらたぶん調整できると思うんですけど、当時はその能力がボクになかったですね。

――まあ、癇癪持ちですからね（笑）。

武田　癇癪持ちではないですよ（笑）。あの頃は風呂敷を広げるだけで畳める力がなかった。

――それから菅林さんから連絡があり、新日本に戻ってからは何をされていたんですか？

武田　とにかく社員が日に日に辞めていくっていう時期だったんですよ。毎日のように菅林さんの机の上に辞表が積まれていくみたいな。

――いわゆる暗黒期ですよね。でも意外にもリストラではなくて自主退社が多かったんですか？

武田　自ら辞めていく人が多かったですね。「もうこの会社は終わる。早く抜けなきゃ」って思ったんでしょうね。それで「とにかく人がいない」っていうことになり、ボクはまずリクルートに着手したんです。「この部署にはこういう担当を入れなきゃいけない」みたいな。それと、もともとコンテンツビジネスが得意だったからテレビ朝日さんとかスカパー！さんといろいろな見直しとかを交渉したりとかしていましたね。そこでちょうどタイミングよくテレ朝内でプロレスコンテンツをお金にしようっていう部署が生まれたんですね。そこで北野（雄司）さんと知り合ったんですよ。

――現・AbemaTVの格闘チャンネルプロデューサーの北野さん。集英社でシリーズ化したDVDとかもそのときに生まれたんですね。

武田　そうです。あの『燃えろ！新日本プロレス』はもの凄く売れましたね。それとサイバーエージェントさんのアメーバピグとかでも新日本プロレスをやってもらったり。

――そういう新しい潮流をプロレス界に持ち込んできたんですよね。

武田　自分では言いづらいですけどね。

――ボクはそういう認識ですよ。

武田　そういった流れが『NEW JAPAN WORLD』へとつながっていったんですよね。

――もはや新日本の虎の子的コンテンツで。それで武田さんが次に新日本を辞めたのがいつでしたっけ？

武田　2014年かな？東京ドームが終わって3月にタイで興行をやったくらいだったと思います。

――そのときはどうして辞めたんですか？

武田　なんで辞めたんですかねえ？（笑）。よく憶えていないですけど、たぶんやることがなくなったんですよ。自分で言うのもなんだけど、燃え尽きたというか「これだけやったら辞めてもいいな」っていうくらいがんばっていたんじゃないですかね（笑）。そんな達成感があったような気がします。

――好調・新日本に居座ろうという気持ちはなかったんですか？

武田　思わなかったですね。やっぱり2回も辞めたボクなんかがいい思いをするわけにはいかないですから（笑）。たぶんWWEもそうだと思うんですけど、ガッチリとしたシステムがあるからそれにうまく乗っかりさえすれば優秀な人ってどんどん入ってくるので。

――2回目の退社後は何をされていたんでしたっけ？

武田　何もしていないかもしれない（笑）。とりあえず人と付き合うビジネスって凄く疲れるじゃないですか？　どんな人からでも電話がかかってくるとビクッとするし、めちゃくちゃ憂鬱になるほどしんどかったので「1年くらいは人と接しないような仕事をしたいな」と思って、後輩とグッズを作る会社とかをやったりとかして実際に1年くらいはのんびりしてましたよ。そうしたら武藤さんから「WRESTLE－1を手伝ってくれ」という二度目となるお誘いがあって（笑）。

――「おまえ、不満あるだろ？」って（笑）。

武田　いや、そのときは「おまえ、ヒマだろ？」でした（笑）。

――アハハハハ！

武田　「まあ、ヒマですねえ」って言ったら「じゃあ、WRESTLE－1を手伝ってくれよ」となって、手伝うことになるんです。

「高木社長にはボクを助けたいというのもあったんだと思います。本当に困ってましたから（笑）」

――そうだ。外部委託としてWRESTLE－1を見ていた時期がありましたね。

武田　そうなんです。それでそのときに感じたのは「ビジネスの形態を大きく変えなきゃいけないな」っていうことで、やっ

ぱり武藤さんも全盛期じゃないので、もっと堅実にビジネスをやらなきゃいけないということになり、高木三四郎さんに経営を見てもらおうということになったんですよ。高木社長なら適任だということでそこでボクは辞めさせてもらったんです。

――高木さんにWRESTLE－1を見てもらおうというアイデアは武田さんだったんですか？

武田　いや、たしか武藤さんですよね。さすがにそこで「おまえ、ヒマだろ？」とは言ってないと思いますけど（笑）。

――そこで高木さんと入れ替わりでWRESTLE－1を離れたんですね。

武田　そこからリデットエンターテインメントの前身であるエス・ピー広告に入社するんですよ。新日本時代からお世話になっていた鈴木（裕之）社長とは、ボクが新日本を辞めてからもたまに連絡を取り合うような関係だったんですけど、「何をしているの？」みたいな話になって「いや、何もしていないんです。何か一緒にご一緒できないですか？」っていうお願いをしたら、エス・ピー広告でプロレスの興行とかをやることになったんですよ。

――そこでようやく武田さんも企業の社員となり、一度落ち着いたわけですね。

武田　落ち着くはずだったんです（笑）。

――エス・ピー広告のプロレス興行というと長州さん？

武田　長州さんもそうでしたけど、最初にやったのはメキシコ

のAAAを呼んだやつで、あとは東京愚連隊興行とかもそうですね。それとボクがWRESTLE-1を離れたのとほぼ同じタイミングでSANADA選手が辞めたんですよ。それでフリーになったので「じゃあ、一緒にやる?」みたいな感じで彼のマネージメントもしていたんですよ。

――そうだ! そうでしたね。

武田 そうやって興行やマネージメントをやっていたんですけど、SANADA選手は新日本さんと縁ができたので、我々の手から離して新日本さんに送り出したっていう。

――そうやって選手のマネージメントや単発の興行を打ったりしているうちに、会社としてはやっぱり団体を持ちたいっていうのがあったんですか?

武田 団体を持ちたいというか、やっぱりプロレスって単発で興行をやっていても限界があるんですよ。リスクはないけど成長性として考えたら単発では無理だっていう。プロレスが格闘技とは違うところは、やっぱり所属選手とスタッフがいて、リングもあって、というものじゃないと大きくはできないんですよ。そこで偶然にノアの話とくっついたんですね。

――そこで双方の思惑が一致して鈴木社長はノアに手を差し伸べたと。もちろん武田さんは専門家ですから、そのノアを見ることになり。

武田 そうですね。

――そこから、どうして武田さんがノアの社長になったんですか?

武田 それはリデット社が不破(洋介)前オーナー兼社長から株を買い取ったあと、何カ月間かは不破さんが社長のままだったんですね。その不破さんが辞められることになったタイミングでボクが取締役社長になりました。それから代表権を持ってやっていくなかで、ボクも当初はちょっと甘く考えていて、ノアは上り調子だったから「お金の支払いサイトを多少やりくりして、お金を借りてやればなんとかなるかな」と思っていたんですけど、いざやろうと思ってキャッシュを見ると「いまここで無理やり勝負しても何カ月後にはアウトだな」という予測が立ったんですね。それで選手との契約交渉のときにプロの世界なので契約終了もあり得ることですから「契約を終了する選手にはなるべく早く言ってあげたいな」と思ったんですね。そしてそういう選手のその後の活動を邪魔したくないという思いから、いろんな団体に「○○選手がノアを辞めますが、ウチとはモメていないので、もしよかったら声をかけてあげてください」っていう話をしたんです。そこで声をかけたな

武田有弘(たけだ なりひろ)
1971年11月13日生まれ 大分県出身。ノア・グローバルエンタテインメント執行役員
1996年に新日本プロレスに入社し、2002年に武藤敬司らとともに全日本プロレスに移籍。2006年に新日本に再入社をして2007年に同社執行役員に就任する。2016年よりエス・ピー広告株式会社(のちにリデットエンターテインメント株式会社に社名変更)に入社して2018年には同社常務取締役に就任、ノア・グローバルエンタテインメント株式会社を子会社化する。2019年、ノア・グローバルエンタテインメントの代表取締役社長に就任して2020年、同社は株式会社サイバーエージェントの子会社となった。

かのひとつにＤＤＴ、つまり高木社長がいたんですよ。そこで高木社長に話をしたら「えっ、どうしたんですか？」っていう話から「やっぱり「ちょっとこういう状況があって」っていうこととかをいろいろと現状契約ってキツイですよね」って相談してみたら、高木社長が「ちょっと考えてを話しているうちに「どこかノアを支援してくれる会社はないですかね？」と相談してみたら、高木社長が「ちょっと考えてみますよ」って言ってくれたんですね。そこから今回の話が始まったんです。

――そして高木さんの頭に浮かんだのがサイバーエージェントってことですね。

武田　最初はそういう話をするつもりではなかったんですよ。ひさしぶりに高木社長と会って「来年はほかの団体にもノアの選手を出すので、もし需要があればよろしくお願いします」みたいな話をしていたんですけど、そこでノアのＶＯＤ（ビデオ・オン・デマンド）の話にもなったんです。団体に毎月固定で入るお金がないといけないから「やっぱり時代的にＶＯＤをやらなきゃダメですよね」っていうそんな話だったんですけど、それが「まあ、結論から言うと、どこかに会社を買ってもらうのがいちばんいいんじゃないですかね」という話になって（笑）。

――会話の流れからそこに導かれていったと。

武田　とにかくボクが困っていたので助けたいっていうのもあったんだと思いますね。本当に困ってましたから（笑）。その前にもいくつかそういった話はあったんですよ。ボク自身もいろんな人に相談したりしていたんですけど、やっぱり群を抜いていいお話じゃないですか。

――そこで幸運なところは、やっぱりノアのリング上がどんどんおもしろくなっているときだったことですよね。

武田　そうなんです。やっぱりコンテンツがダメだったら誰もが「うーん……」ってなっちゃうんですけど、コンテンツがよかったのでボクも妙な自信を持っていたというか。プロレスは野球やサッカーと違って協会があるわけじゃないから、団体の権利は基本的に買ったところに行くわけですよね。なので資産としても非常にメリットがあると思うんです。

「いろんな人と出会ったり、いろんな環境で学ぶことって大事。これまでの経験を駆使してノアを盛り上げていきたい」

――それでサイバーエージェントがオーナーとなることを発表したのが1月末ですよね。買収が正式決定したのはいつだったんですか？

武田　直前ですよ。

――高木さんの提案から最終決定するまでの間、どんな気分で過ごしていたんですか？

武田　もう、ただただ神頼みですよね（笑）。

――ハラハラドキドキですよね。それで高木さんがＤＤＴ社長と兼務という形でノアの社長になり、武田さんは執行役員になって。執行役員というのはどんなことをやるんですか？

武田 肩書きとイコールにならないかもしれないですけど「現場はすべて見てくれ」って言われてますね。だから現場監督？

――長州力のような（笑）。じつはそういうポジションが武田さんがいちばん力を発揮できるところじゃないですか。

武田 そうだと思います。

――新日本時代も武田さんってタカ派だったじゃないですか。無茶してナンボ、デカイことを仕掛けてナンボ、リスクなんてあとから考えろみたいな。それをこれからノアでやっていくってことですよね？

武田 もういい歳ですからリスクは考えますけどね（笑）。ちゃんと計算のできるタカ派でありたいですね。かつて武藤さんが言っていた言葉があって「俺たちはやっぱ新日本育ちだからよ」っていう。ボクも学生のときに「新日本プロレスに入りたい」と思ったのは、やっぱり何か大きなこと、派手なことをやりたいっていう気質があったからだと思うんですよ。ただ、それで失敗したら大惨事なので成功させなきゃダメなんですけどね。

――我々の世代って、漠然と「新日本的なことをやる大人になりたい」っていうのが理想の社会人像としてありましたよね（笑）。

武田 まさにそんな感じでしたよ。

――それにしてもよかったなと思っています。ボクは武田さんがノアの社長に就任されたときは、武田さんのことをよく知っているだけに心配ではあったんですよ。「性格上、団体の社長をやるのは違くない？」って。

武田 井上さん曰く、ボクは癇癪持ちですからね（笑）。

――これからのノアはどうなる予定ですか？

武田 よくなるのは間違いないですね。リング上はおもしろくなっていっているので、高木社長が経営をして、ボクが現場をやっていたらうまくいくはずですね。

――プロレスをうまく走らせることって凄く難しいですよね。

武田 難しいですね。ただ、数カ月でも社長をやってみて、経営の面での数字を見たりとかしていろいろと学んだ経験はけっこう大きいですね。プロレス団体の仕組みがさらによくわかりましたから。

――ああ、たしかに。

武田 やっぱり興行会社がお金を回すのは大変ですよ。仮に通年で黒字になったところで、どこかでお金が足りない月も絶対にありますから。

――昨今よく言われていることは「プロレス団体はカネを借りながらやるものではない」っていう。いつか絶対に立ち行かなくなりますよね？

武田 だから新日本さんのユークスからのブシロードっていう、あれがもうバトンタッチとしては成功パターンですよね。ユークスで財務上もちゃんと黒字にして、そこからブシロードが投資をしてっていう。今回もそういうイメージでやっているんですけどね。

——あと、サイバーエージェントという巨大企業がプロレスというコンテンツにどれだけ勝負をかけるのかというのが、外から見ていてちょっとわからないんですけど。

武田　そこはボクもまだわからないんですけど、こちらの提案の仕方次第じゃないですかね。

——いかにおもしろくてデカいプランを持ち込めるか。

武田　そうですね。とにかく超巨大企業ですから今回もいちおう高木社長に『ＫＡＭＩＮＯＧＥ』の取材を受けてもいいですか?」って聞きましたから。そうしたら「オッケーですよ!」って（笑）。

——ちょっと!!　ダメな理由がないでしょう!（笑）。

武田　だってＤＤＴ関係もマッスル（坂井）さん以外はあまり載っていないから（笑）。高木社長だってあまり出ていないですよね?

——ひょっとして企業のコンプライアンス的にＮＧなんじゃないかと（笑）。

武田　そうそう（笑）。昔、紙プロってあったじゃないですか。紙プロが新日本に取材の申請をしてきて、それを広報のトップだった倉掛（欣也）さんが全部却下していたんですけど、ボクの権限でｎＷｏだけは取材を受けていたんですよ。

——そんな歴史がありましたか（笑）。

武田　ボクが普段会えないような人と会えるようになったのはそういう動きをやっていたからなんですよ。だから新日本時代はお父さんやお母さんから「あの人と話しちゃダメよ」って言われるような状況だったのを、ボクは破ってそういう人たちとも付き合っていたんですよ。

——それはでも大事な、いい話ですね。

武田　コンテンツビジネスの考え方というものも外からいろいろ学んだし、いろんな人を紹介してもらうことで人脈も広がったことがいまも活きてますよね。

——要するに武田さんは癇癪持ちではなく、井の中の蛙にはならなかったことでいろんな可能性を信じて広く行動してきたってことですね（笑）。

武田　よかった、理解してもらえて（笑）。いろんな人と出会ったり、いろんな環境で学ぶことって大事ですよ。そういうこれまでの経験を駆使して、ノアを盛り上げていきたいですね。

5月2日(土)
大田区総合体育館
NOAH the CHRONICLE
潮崎豪
NOAH

15歳でプエルトリコに飛んだ狂った少女は、なぜ沖縄の地にたどり着いたのか？

〝リングに咲いたアカバナー〟

ハイビスカスみい

［琉球ドラゴンプロレスリング］

「ひきこもりでプロレスを観ることだけが唯一の楽しみっていうヤバイ中学生だったんですよ。それで中学3年の夏に『お母さん、私、プエルトリコに行くわ！』って（笑）。これからもできるだけプロレスを続けていきたいですね」

収録日：2020年2月6日
撮影：池野慎太郎
試合写真：©琉球ドラゴンプロレスリング
聞き手：井上崇宏

「グルクンさんから凄い接待を受けて『すごーい！ 私、沖縄に住みます！』って。もうパラダイス（笑）」

——じつははじめましてということで。

みぃ　はーい、はじめまして。よろしくお願いします！

——こないだ初めて琉球ドラゴンプロレスを何の予備知識もなく観に行かせていただいたんですけど、「ハイビスカスみぃ」で出ていらっしゃっていて、一緒に観に行った人と「あれ？ アップルみゆきだよね？」ってなりまして（笑）。

みぃ　すごーい。

——いやいや、凄くはないですよ（笑）。それくらい不勉強でしたっていう話です。

みぃ　いや、よくおわかりになられたなと思って。そんなことない？

——わかるでしょう。だって姿形はまったく変わっていないじゃないですか（笑）。

みぃ　まあまあ、そうですね（笑）。

——なので急きょ沖縄にいるうちにと思ってインタビューのオファーをさせていただきました。琉球ドラゴンは2013年に旗揚げして、みぃさんは旗揚げからのメンバーなんですよね？

みぃ　そうですね。その頃はフリーで大阪に住んでいたんですけど、いまの代表であるグルクン（マスク）さんから「沖縄でこういう団体をやろうと思ってるんだけど協力してくれないか？」って誘われて「おもしろそうだな」っていう感じだったんですよ。それで「沖縄に1回来てみたら？」って言われて、どんな会場でやるのかちょっと見てみたいしと思って行ってみたら、もう代表から凄い接待を受けまして。

——どんな接待ですか？（笑）。

みぃ　沖縄のいろんないいところをまわってくれるんですよ。美ら海水族館に行ったり、古宇利島に行ったり、おいしいステーキを食べに連れて行ってもらったりとか、「ここ見てみ、蛇口から泡盛が出るんだよ」とかって。

——えっ、そんなところがあるんですか？

みぃ　那覇にあるんですよ。それで「すごーい！　私、ここに住みます！」ってなって（笑）。

——まんまと（笑）。

みぃ　やっぱり旗揚げメンバーっていうことはオープニングスタッフじゃないですか？　そうしたらいろいろと自由に決められるかなとかいろいろ考えて。

——アルバイト情報誌なんかを見ていても「オープニングスタッフ」っていう言葉にちょっと惹かれますもんね。先輩がいないっていう（笑）

みぃ　そうなんですよ（笑）。それでグルクンさんも私とほぼ同期くらいのキャリアなので「沖縄に住むのもいいかな」って。

——じゃあ、わりとすぐに決めちゃった感じですね。

みぃ　けっこう簡単に決めちゃいましたね。もともと大阪プロレスによく出ていて、私は入団したいくらい大阪プロレスが大好きだったんですね。だけど「あんまり必要とされていないかなー？」みたいなことも感じたりしていたんですよ。べつに誰かからそう言われたわけじゃなく、自分で勝手に感じていただけかもしれないんですけど、「それなら自分を必要としてくれているところに行きたいな」と思ったのもあって。

——沖縄は生活してみてどうですか？

みぃ　自分にめちゃくちゃ合ってます。お酒もおいしいし（笑）。街並みとかも好きだし、やっぱりのんびりしているところがいいですよね。私はもともと奈良県出身で凄い田舎で育ったんですよ。

——天理でしたっけ？

みぃ　天理です。その田舎っぽい感じがあるのもいいなっていうのもあるし、やっぱりあったかいっていうのがいちばんかな？

——人がセカセカしていないですよね。

みぃ　そうですね。人も少ないし。だからたまに東京に行くとビックリしますもんね。「なんか今日はお祭り？」みたいな（笑）。だからいまから東京とかはもう住めないですねえ。沖縄に来て7年も経っちゃいましたから。

——こちらではずっとひとり暮らしをされているんですか？

みぃ　ずっとひとりで……あっ、最初は寮にいたんです。

——琉球ドラゴンの寮ですか？

みぃ　はい。嘉手納に寮があって、そこに1年くらい住んでました。そこからひとり暮らしをしようと思って読谷っていうところに住んだんですよ。そこは家賃もめっちゃ安いし、広くていい部屋だったんですけど、私はクルマの運転免許を持っていないので足がないんですよ。沖縄は電車がないから移動となるとバスかタクシーしかなくて、しかも道がめちゃくちゃ混むので。

——けっこう道はいつも混んでますよね。

みぃ　そうなんですよ。バスとかも時間通りに来ないとかがけっこうあって、内地の遠征に多いときは週1くらいで行くんですけど、読谷から那覇空港までバスで2時間くらいかかるんですよ。めっちゃ遠くて（笑）。

——沖縄の端から端でも、高速だったら2時間くらいですよね？

みぃ　そうですよね。しかも2時間かけてバスターミナルに着いて、バスターミナルからモノレールに乗って空港みたいな。だから結局2時間半くらいかかるので、ちょっとしんどいなと思ってまた引っ越して、いまは那覇市内にいるんですけど、もうパラダイスですね（笑）。

「絶対にレスラーにならなきゃと思って、後戻りできないように学校中の友達に『私、レスラーになるわ！』って言って」

——パラダイス（笑）。今日はみぃさんのプロレス人生を振り返っていただきたいんですけど、そもそもは15歳でプエルトリコにできたKAIENTAI-DOJOに行くんですよね？

みぃ　そうなんです。ちょっと気が狂ってましたね。もともと私はFMWに履歴書を送ったんですよ。

——それは中学を卒業するときですか？

みぃ　中学3年の夏かな。それで送ったんですけど書類で落とされちゃったので「ダメか。じゃあ、高校は行っておこうかな」みたいな。それで受験勉強とかもしてたんですけど、週プロをめくってたら当時TAKA（みちのく）さんの『毒針日記』っていう連載がありまして、そこに「プエルトリコに作るKAIENTAI-DOJOの生徒を募集中」ってことが書いてあって。それで「もう1回これに応募をしてみて、ダメだったらあきらめて高校に行こう」と思ってメールを送ったら、TAKAさんから「いいよ！」みたいな軽いノリで返信がきて「えっ、いいんだ⁉」みたいな。それで「お母さん、私、プエルトリコに行くわ！」って言って（笑）。

——すげー！（笑）。「プロレスラーになれるんだったらプエルトリコだって行くわい！」っていう？

みぃ　もともと私はひきこもりで……。

——アハハハハ！

みぃ　笑わないで！（笑）。

——いやいや、ひきこもりからのプエルトリコっていうギャッ

プが凄すぎるなと思いまして（笑）。

みぃ　ひきこもりで、中学2年のときはほとんど学校に行ってなかったんですよ。で、その間にプロレスをめちゃくちゃ観たんです。ありとあらゆるプロレスを観るプロレス漬けの生活になっちゃって、中2のときにお母さんに「将来はプロレスラーになりたい」って言ったときに「学校にも行けてないのにプロレスなんて厳しい世界はみゆきには無理でしょ」って返されて。「そりゃ、そうだな」と思って、中3では1回も休まず学校に行ったんですよ。

——いちいち極端なんですね（笑）。

みぃ　そう！（笑）。それくらいレスラーになりたすぎて。それでやっぱり何かやっておいたほうがいいかなと思って「柔道を習わせてください」って。

——中3から柔道を始めたんですか。

みぃ　そうなんです。学校に柔道部がなかったので町の道場に自転車で1時間くらいかけて通ったんですよ。それでKAIENTAIの募集があって送りたいっていうときに父は反対して「せめて高校は行ってくれよ」みたいな感じだったんですけど、母が「みんなが高校に行くから行くとか、みんなが大学に行くから行くとか、そうやって夢を持たずに流れで行くんだったら、夢を持って高校には行かずにプエルトリコに行くほうがお母さんは応援できる」って言ってくれて。

——お母さん、凄いですね。

みぃ　自分だったらそんなことは絶対に子どもには言わないですけど（笑）。

——自分が娘に同じことを言えるかっていったら。

みぃ　絶対に言えないですよね。それで「じゃあ、行きます」って言って、私が高校、大学に行くために貯めてもらっていたお金を全部プエルトリコに行くのにまわしてもらって。なので絶対にレスラーにならなきゃと思って、学校中の友達に「私、レスラーになるわ！」って後戻りできないように言って。

——そうやって宣言することで退路を断ったんですね。

みぃ　はい。それでプエルトリコに行きましたね。

——いやー、凄い。そもそも、どうしてひきこもりだったんですか？

みぃ　中学で弓道部だったんですよ。弓道部はけっこう部員がいたんですけど、2年のときに私が主将に選ばれちゃったんですね。それが私にとっては凄く重荷で、しかもクラス替えのときに仲のいい子とも離れちゃって、楽しかった部活もクラスも楽しくなくなっちゃって「もう学校に行きたくないな……」って思うようになって、そこからズルズルズルって感じですね。

——それでホントにひきこもっちゃうっていうのは、わりと本気で落ちてたってことですよね。

みぃ　そうですねえ。そこでプロレスを観ることだけが唯一の楽しみというか。ヤバイ中学生ですよね（笑）。

——のちにプロレスラーになっていなかったらヤバかったと思います（笑）。

みぃ　そのなかでも（ケンドー・）カシンさんがめっちゃ好きで。だから私、カシンさんが表紙の『KAMINOGE』も買いましたから（笑）。

——おー、ありがとうございます（笑）。突然、娘が学校に行かなくなったときのご両親の反応はどんな感じだったんですか？

みぃ　恥ずかしい話、兄も学校に行ってなかったので「またか」みたいな。2人目だったから親も「言ってもしょうがねえな……」って感じだったのかなとは思うんですけど。

「カシンさんのことが20数年ずっと大好きで、お会いしたときに緊張しすぎて大号泣しちゃって……」

——どんなきっかけでプロレスが好きになったんですか？

みぃ　兄の影響ですね。兄がプロレスが好きで観始めて、私もひきずられるように。

——2人して学校に行かずにプロレスを観まくって（笑）。

みぃ　それで私もつられて観ていたら、私のほうが好き度を追い越しちゃって、そのまま好きで応援していればいいものを「自分もやりたい！」って思って。もう若さと勢いですよね。

——お兄ちゃんとは何歳違いですか？

みぃ　3つです。お兄ちゃんはホントに真面目なんですけど。

——女子プロレスラーの方って意外とひきこもりだった人が多

い気がしますね。

みぃ　そうですね。真琴ちゃんとか、引退しちゃった大畠（美咲）とかはひきこもりだったって言ってましたね。もうひきこもっている間は、カシンさんはヒーローでしたね。いまも大好きなんですけど、ちょっと話が逸れちゃってもいいですか？

――どんどん逸れてください（笑）。

みぃ　おととし、全日本プロレスが沖縄に来たときにカシンさんも出ていらっしゃっていて、私も出たんですよ。つまり初めて同じ大会に出ることになって。

――対バンですね（笑）。

みぃ　もうめっちゃ興奮して「あのカシンさんと一緒の大会に出る！　うわあ！」ってなって。でもそんなの言えないので、会場でお会いしたときも「うわあ、ケンドー・カシンや……」と思ってたんですけど、「あっ、お疲れさまです！」とだけ言って。そうしたら李日韓さんが「アポたん、カシンさん好きやろ？　写真撮ってもらおうよ」って言って私をカシンさんのところに連れて行ってくださって写真を撮ってもらうことになったんですけど、そこでもう緊張しすぎて大号泣しちゃって。

――カシンの前で？

みぃ　そうです。「カシンさんにあこがれてレスラーになりました。わ～ん！」って泣いちゃって（笑）。それで写真を撮ってもらったんですけど、もうこんなことは二度とないくらいに泣いちゃって……。

――ホントに好きな人と会ったらこうなっちゃうんだっていう。

みぃ　はい。だから逆に会いたくなかったんですよ。好きすぎるので会ってしまったらその気持ちがちょっと変わっちゃうんじゃないかって。何も変わらなかったんですけど（笑）。もうホントに好きで好きで……。

――そのときのカシンさんのリアクションはどうだったんですか？

みぃ　私のことは知ってくださっていて、もともとKAIENTAI－DOJOにいたときにヤス・ウラノさんが全日本プロレスでカシンさんとちょっと絡んでいらっしゃっていて「ウチに凄い好きな子がいて」みたいな感じで私のことを言ってくださっていたので、「あっ、いま沖縄にいるんだね」みたいな。「あっ……」と思って。ウフフ～。

――いいですねぇ（笑）。

みぃ　もううれしすぎて！　カシンさんのTシャツとポートレイトを買っちゃいましたからね。

――自分も出た大会で（笑）。

みぃ　そうです。お客さんと一緒に並んで「まだ残ってるかな……」って（笑）。中学のときとかって、ちょっと悪い人にあこがれるみたいなのがあるじゃないですか。

――そうですね。不良あこがれ。

みぃ　カシンさんってけっこうそのとき異質で。

――ちょっと悪いどころじゃないですけどね（笑）。

みぃ ライガーさん、金本（浩二）さん、大谷（晋二郎）さんとかのなかでひとり異端児みたいな感じが凄くカッコよく見えて、そこからずっと20数年カシンさんのことが好きですね。

――TAKAさんから「来てもいいよ」っていうことで、プエルトリコには中学卒業と同時に飛んだんですか？

みぃ はい。卒業して1週間経ったか経ってないかくらいで行って。それが2001年3月なんですけど、KAIENTAI－DOJOができたのが2000年10月なので私は2期生です。

――半年遅れで2期生になるんですね。当時TAKAさんはWWF（現・WWE）にいたんですよね。

みぃ はい。だから週の半分は遠征に行っていて、月曜から木曜くらいまでは私たちの練習を見てくださってっていう感じでしたね。

――TAKAさんはプエルトリコ在住で。どんな施設だったんですか？

みぃ きったない掘っ建て小屋みたいな感じです（笑）。ただリングがあるだけのところで、もちろんクーラーなんかないんですけど、プエルトリコってめちゃくちゃ暑いんですよ。ホントに常夏の島なので「もう死ぬ！」っていうぐらい暑いなかで練習を毎日、朝から夜まで。

――毎日、しかも1日中ですか？

みぃ そうです。それで日曜だけお休みなんですけど、「休んでんじゃねえよ」みたいなちょっとしたなんて言うんですか。「休みだからって休んでんじゃねえよ」っていう無言のプレッシャーが。

みぃ そう（笑）。しかも私は落ちこぼれだったんで「みゆきはなんにもできないのに今日も休むんだ？」みたいな。いじめられてたんですよ、私。

「延々と張り手の練習をさせられたりするんですよ。ずっとバンバンみたいな。みんなそれを見て笑っていて」

――えっ、それはガチな話で？

みぃ みんなは冗談の延長みたいな感じなんですけど。

――キツイ冗談みたいな。

みぃ クローゼットに閉じ込められたりとかしてましたね。だから毎日泣いてましたよ、もう（笑）。ちゃんこを作るのが遅いとか、みんながクルマを運転するのに私は免許がないので「みゆきはできないんだからほかのことをやれ！」みたいな。みんなでテレビとか観ていても何を言ってるかわからないじゃないですか。そのはけ口じゃないけど、それが全部私に来る感じで。

――異国の地でのストレスが。

みぃ 「凄いバカにされてるな……」っていうのはわかってたんですけど、私も「自分ができないからしょうがないんだな」みたいな。延々と張り手の練習をさせられたりするんですよ。ずっとバンバンみたいな。で、みんなそれを見て笑っていて。

――言っても、まだ15歳の少女じゃないですか。

みぃ　そうですね。いきなりひと回りくらい離れた人たちと一緒にいて、でも「同期だから敬語を使うな」とか。

――敬語を使っちゃダメなんですか?

みぃ　やっぱり同期は敬語を使わないですね。だから私はめちゃくちゃ若かったんですけど、下からは「みゆきさん」って呼ばれていましたし。

――生活は寮みたいなところがあったんですか?

みぃ　そうです。ビクター・キニョネスが借りてくれて。4部屋あってダイニングキッチンみたいな立派なマンションひとつと、別のマンションの2カ所ありました。でもめちゃくちゃ人がいたので、それでもぎゅうぎゅうみたいな感じで。

――みぃさんが入った頃は何人くらいいたんですか?

みぃ　何人いたんだろうなあ? 20人くらいはいましたね。

――すごっ! プロレスラーを志す日本人が20人も。

みぃ　あと日本から来る選手の方もいらっしゃっていて、当時教えてもらっていたのが藤田ミノルさん、山下義也さん、GENTAROさん、上林(愛貴=ミス・モンゴル/Aky)さん。それとは別にたとえば遠征中の真壁(刀義)さんとかは一緒に寮に住んでたんですよ。TAJIRIさんとかNOSAWA(論外)さんもそうですし、ホントいろんな人がいらっしゃってましたね。そういえば私が入って2日目にタイガー服部さんがいらっしゃって。

――出た! いまボクらのなかで服部さんがアツイんですよ。

みぃ　どうして?(笑)。

――長州さんとマブダチだから服部さんのオモシロ話を聞くことが多くて(笑)。

みぃ　なるほど。去年、宮古での長州さんの大会で服部さんにお会いしたら、私のことを憶えてくださっていて。

――「ユー、いたね!」って。

みぃ　「あの15歳で入ってきた女の子でしょ?」みたいな。でも、その会話はもう計4回くらいしてるんですよ(笑)。

――えっ?(笑)。

みぃ　その何度か会ってることは忘れてるんですけど、あの当時プエルトリコにいたことだけは憶えてくださっていて(笑)。

――だから毎回驚いてくれるわけですね(笑)。

みぃ　毎回驚いてくれるんです(笑)。

――でも、そうやってかわいがりを受ける日々で、セクハラ的なことはなかったんですか?

みぃ　いや、そういうのはまったくなかったですね。やっぱり子どもすぎてっていうのもあるのかもしれないです。

――ああ、よかったですね。あとプエルトリコって凄く治安が悪いってイメージがあるんですけど、実際によくないですよね?

みぃ　悪いです。私じゃないんですけど、後輩がカージャックに遭ったり。

――カージャック!

みぃ　後輩が代表（TAKA）のクルマのオイル交換をしにガソリンスタンドに行ったときにクルマに乗り込まれたんですよ。でも「抵抗したらヤバイ」っていうよりも「ここでクルマを盗られたら代表に殺される……！」っていう。

――そっち（笑）。

みぃ　そっちの気持ちが強くて必死にしがみついて「ヘルプ・ミー！　ヘルプ・ミー！」って叫んでたら、乗り込んできたほうが「ヤバイ！」ってなって逃げ出して、クルマを守ったのでTAKAさんから「よくやった！」って褒められてましたね。もう辞めちゃいましたけど（笑）。

――そんな命懸けのことをやっておきながら辞めた（笑）。

みぃ　その子はレフェリー志望だったので、その子のレフェリーネームが、カージャックされたので「ジャッキー○○」っていう名前で（笑）。日本での旗揚げのときはいたのかな？　とにかくすぐに辞めちゃったんですけど。

「デビュー戦だと思っていなくてデビューしたんです。それでデビューした場所も憶えていないんですよ（笑）」

――とにかく、それだけ毎日のように練習していたら自然と技術が染みついてきますよね？

みぃ　そうですね。でも当時は、いまではちょっと問題かもしれないですけど竹刀とかを持ってバーンみたいのもあったんですよ。できないと殴られたりとか。それがちょっと怖くて萎縮しちゃってる自分がいたんですけど、コーチが変わってからはどんどんできるようになってきて。もちろん教え方も違いましたけど、まったく怒らないコーチで「うん、大丈夫、大丈夫。もうできるよ」「あっ、もういい感じ、いい感じ」とかって言ってくれるんですよ。それで私も気持ちが凄くラクになって。そのコーチは藤田ミノルさんっていうんですけど。

――あー、藤田さん。いいですね。

みぃ　ホントに。大好きです、私。伸びてきたのはそこからですね。それで日本に帰ってきてからは筑前（りょう太）さんが入ってきていろいろ教えてもらったりして。

――プエルトリコでは女子は何人いたんですか？

みぃ　デビューしたのは私とお船ちゃんと境摩夜っていう子とミスX。それとリングアナのカロリーナあきこの5人かな？　あとデビューできなかった女のコがひとりいたかな。

――インターネットがいまほど普及していない時代じゃないですか。プエルトリコでプロレス学校をやるぞっていうので日本人が20人くらい集まって、しかも女の子も5～6人いるっていうのがちょっと理解しづらいですね。

みぃ　その形態はメキシコの闘龍門がはしりで、凄い盛り上がってたんですよね。CIMAさんとかがCRAZY-MAXで日本逆上陸とかでワーッとなっていて、私もそれを観てたので「私も行ったらこんなふうになるのかな？」みたいな。

――闘龍門という成功の下敷きがあったと。

みぃ　そうですね。それで「デビューするまでは顔を見せちゃダメ」とかそういうのにもワクワクして、夢と希望しかなかったですね（笑）。

――2001年春に現地に行って、2002年1月にお船戦でデビュー。デビューするまで約10カ月くらいですね。

みぃ　最初の3カ月は観光ビザで行って、それで残りをB－2ビザっていう6カ月くらい滞在できるやつを取ってやってましたね。

――プエルトリコでは会場を借りてやるんですか？

みぃ　デビューはホントに現地の小さな団体でWCWっていう、あの大きなWCWじゃないところだったんですけど、板の上に布を敷いただけみたいなリングで（笑）。ロープも、ロープっていうかめちゃくちゃ細くて。

――紐ですか（笑）。

みぃ　ちょっと伸びる紐みたいなやつに囲まれたリングで、しかも屋外だし。さらに入場で氷とか投げられるので、それをかわしながらとか。

――それは日本人＝ヒールっていう認識なんですか？

みぃ　いや、私がヒールでお船ちゃんがベビーっていうわかりやすい感じではあったんですけど、当時はまだIWAプエルトリコがわーっとなっていた時期で、そこにウチの若手が真壁さんのセコンドとかで行ってたんですよ。それで向こうはプロレスがけっこう熱いんで、テレビで観てるから「あっ、日本人だ！」っていうのがあったんですよね。

――なるほど。真壁さんがプエルトリコ人にとっての日本人像みたいな。

みぃ　そうですね。真壁さんや藤田ミノルさんですね。

――デビュー戦は楽しめましたか？

みぃ　いやもう私、それが不思議な話なんですけど、デビュー戦だと思っていなくてデビューしたんですよ。

――ちょっとスパーリング的なものの延長みたいな？

みぃ　当時は練習時間にプロレス大会があったんですよ。誰も観ていないんですけど、第1試合、第2試合みたいな感じで進行してマイクとかもあるっていう。そういう形式でずっと練習をしていたので、「今度そういうところでプロレスがあるから出てみるか？」って言われて「あっ、出たいです！」って出て行って試合をしたら「デビューおめでとう！」って言われて「はっ！　私、デビューしてたんだ……」みたいな（笑）。

――普段の練習気分で試合をしてデビュー（笑）。

みぃ　そうなんです。そういうちょっと不思議な体験っていうか（笑）。それで次の日は酒場の横の空き地みたいなところで大雨でビッシャビシャになりながらやったり。あとは「こんなところにリングを置いてもいいの？」っていうような道路の真ん中とか。横をクルマがブーンって走っていて「ここで試合!?」みたいな（笑）。ホントに適当な国だったんで。しかもデ

ハイビスカスみぃ(Hibiscus Mii)
1985年6月14日生まれ、奈良県天理市出身。プロレスラー。2001年3月、中学卒業と同時にTAKAみちのくがプエルトリコに設立したプロレス養成学校KAIENTAI-DOJOに入門。2002年1月4日に「アップルみゆき」としてお船戦でデビュー。同年4月20日、K-DOJO旗揚げ戦で日本逆上陸を果たす。男女混合が常であるK-DOJOにおいて、男子との試合のみならず、デスマッチなどもこなすオールラウンダーとして活躍し、写真集を出すほどの人気を得る。2008年9月にK-DOJOを退団。その後フリーとして多くの団体に参戦し、2013年3月に琉球ドラゴンプロレスリングに入団。リングネームを「ハイビスカスみぃ」に改名した。現在は琉球ドラゴンだけでなく、全国の各団体でも試合をおこない、「松山みゆき」としても活躍中。

ビューした土地も、その当時に聞いたのは「バリオトツゴ」っていうところだって言われて信じていたんですけど、そのあとリッキー・バンデラスっていうプエルトリコの選手に聞いたら「そんな地名はプエルトリコにはないよ」って言われて、結局どこでデビューしたのかもわかってなくて。

――えー（笑）。

みぃ　いまだに「あそこはどこだったんだ？」って。1回ちょっと行ってみたいなって。もう場所も憶えてないんですけどね（笑）。

――それでTAKAさんが2002年3月にWWFを退団したことでプエルトリコの道場も閉鎖ですよね。「みんなで日本に帰るぞ」っていう。

みぃ　そうですね。2月くらいかな、みんなで帰ってきたんですよね。

――そこからKAIENTAI－DOJOは千葉に拠点を移すことになるんですけど、みんな千葉に集結したんですか？

みぃ　1回家に帰って「じゃあ、千葉で」っていう感じでしたね。

――すでにレスリングを覚えちゃっている人たちは、そこでKAIENTAI以外の選択肢を考えたりっていうのはなかったんですか？

みぃ　なかったですね。ただ、GENTAROさんやAkyさんとかは日本での旗揚げ前に辞めちゃっていたので。その人たち以外はみんな残りましたね。結局、私は2008年までなので7年くらいいたのかな。

「新日本のリングに立たせてもらいましたし、全日本にも出させていただいてホントに感謝しかないですね」

――退団するきっかけはなんだったんですか？

みぃ　なんていうか……プロレスを〝こなしてる感〟が強くなってきていたんですよね。昔は全然ダメで納得がいかない試合とかがあれば終わったあとに泣いたりして「なんでああやっちゃったんだろ。ホントにダメだわ……」ってなってたんですけど、そういうのもすっかりなくなってきちゃって。私は2期生だし、後輩とかもめっちゃできていて、いろんなことは若手がだいたいやってくれるし、でもカードはほとんど毎回一緒だし、そういう不満もやっぱり出てくるんだけど「会社に守られている立場なのに、会社への不満や悪口を言うのはダサいな」と思って。「だったら辞めて自分でやろう」と思って、そのときの勢いもあって辞めちゃいましたね。

――フリーになろうっていうことですよね。

みぃ　でも絶対に通用しないと思ってたんですよ。実際、辞めるときも「おまえ、辞めてどうするんだよ。やっていけねえぞ」って言われて。

――それはTAKAさんからですか？

みぃ　はい。そう言われたんですけど「いえ、いいです」みたいな。「たとえ月1とかでも楽しくプロレスができるほうがいいんで」みたいな、そのときはちょっと強気に（笑）。それで辞めたんですけど、使い勝手はよかったと思うんですよ。

――使い勝手のいい選手。

みぃ　ホントになんでもやるので。言われればデスマッチも全然やりますし、男の人ともやるし、女子も出るし、楽しい試合もやるし。当時はキャットファイトにも出ていて、キャットに出た次の日にドラディションとかも出てましたからね（笑）。

――有刺鉄線とかもやられてますよね。

みぃ　有刺鉄線もやってるし、2017年の私のデビュー15周年記念のときは佐々木貴さんと蛍光灯をやったりとか。まあ、初めてのデスマッチがミスター・ポーゴさんとタッグでしたから（笑）。

――ああ、使い勝手がいいですねぇ……（笑）。

みぃ　ホントになんでもやるので（笑）。

――振り返るとKAIENTAI-DOJOで育ったからこそ、その器用さが生まれたわけですよね？

みぃ　そう。だからホントに私はTAKAさんには感謝しかないです。

――なんでもできちゃう私を作ってくれた。

みぃ　KAIENTAI-DOJOのときにいろんなところに出してもらいましたからね。新日本プロレスにも出たことがあるんですけど、そんなのってないじゃないですか？　女子で新日本のリングに立たせてもらって、しかもライガーさんとか後藤（洋央紀）さん、邪道さん、外道さんと試合をさせてもらうなんて。その頃にできた繋がりでライガーさんに琉球ドラゴンに出ていただいたりもあったり。全日本にも出させていただきましたし、ホントにTAKAさんが私をいろいろなところに出してくださったことでいまがあると思っているので。ホントに感謝しかないですね……好きではないけど。アハハハ、怒られちゃう（笑）。

――お話を聞いていると、みぃさんがこうして琉球ドラゴンプロレスという沖縄の団体に根を下ろしたことが理解できたような気がしました。

みぃ　そうですか？

――異国の地で、道路の真ん中で試合をしていたくらいですし。

みぃ　そうですね。沖縄だともっと変な、海の上でやったりとかもありましたし。

――海上で？

みぃ　はい。ダイバーがちょっと休む用の、板をめっちゃ組んだところがあるんですけど、そこにリングを建てて。それを沖に流してジェットスキーで入場するっていう。たしか写真がありますね（とスマホで探す）。

――めっちゃ楽しそうじゃないですか。

みぃ　そうなんですよ。あっ、これですね。

――おー、カッコいい！

みぃ　ここからもっと沖に流してやったんですよ。ここで試合をやったのは8月とか9月だったんですけど、同じ年の4月に北海道のスキー場で試合をしたのでそのギャップが凄くて（笑）。これがそのスキー場でやったときの写真なんですけど。

――うーわっ！（笑）。北都プロレスですか？

みぃ　はい。マイナス6度だったんですけど、けっこう吹雪いてきて「これ、今日やるんですか⁉」みたいな。まわりはみんなスキー客で「へえ〜」みたいな感じのなかで試合をして（笑）。

――シュールですね（笑）。みんな裸に近い格好ですし。

みぃ　あまりに寒すぎて5分くらいで試合が終わったらめっちゃ怒られて。「短えよ！」「いやいや、できない！　できないから！」って（笑）。そんな感じで新日本さんから「どこ、それ？」っていうような団体までめちゃくちゃ出してもらって、凄くいい経験をさせていただいているなって。

「結婚はしたいけど子どもがほしいとは思わないんですよね。ずっとプロレスをやり続けたいので」

――いまは沖縄在住なので、もちろん渡航費付きで試合のオファーが来るわけですよね？

みぃ　そうなんです。もうありがたいことこの上ないです。

――それは凄いですよね。完全に腕一本で食ってる。

みぃ　ホントは内地にもいいレスラーはたくさんいるのに。その人たちなら純粋にギャラ（ファイトマネー）だけで呼べるわけじゃないですか？　それなのに交通費、宿泊費、ギャラをかけてまで呼んでくださってホントにありがたいと思って。なので、しっかり練習しておこうって日々がんばってるんですけど（笑）。

――自己分析すると、そこまでお呼びがかかる自分っていうのは何を求められてると思いますか？

みぃ　もともとの付き合いもあるのかなとは思いますけど、やっぱりなんでもやるからかな？

――それでかならず盛り上げる。

みぃ　うう……それは自分で言うのもちょっと（笑）。でも実際は逆で「私は誰の代わりにでもなれるな」って思っているんですけど、ホントは「代わりになれない選手」になりたいんですよ。

――唯一無二に。

みぃ　はい。唯一無二の「この人の代わりは誰もできない」っていうレスラーになりたいなっていまは思っていて。なかなか難しいんですけど、たとえばサスケさんの代わりって誰もできないじゃないですか。

――たしかに。

みぃ　そういうレスラーになりたいんです。なのでいまは私の身体を乗っ取っている「松山みゆき」という怪奇派のキャラクターもいるんですけど、そっちのオファーがめっちゃ多いんですよ。下手したら2月はそのオファーしかないんです。

――「身体を貸している松山さんのほうでお願いします！」と(笑)。

みぃ　「ハイビスカスじゃなくて松山みゆきでお願いします」みたいな(笑)。そっちをけっこう評価してもらっているのがうれしくて、その2つでやっていきたいなって。松山みゆきの短い試合動画がありますよ。

――ああ、なるほど。これは求められますね(笑)。これは100パーいい意味で捉えてほしいんですけど、みぃさんはわかりやすい美人じゃないですか。

みぃ　ホントですか⁉

――誰が見ても「あっ、美人」っていう。

みぃ　うれしい(笑)。そんなことなかなか言われないです。

――よく見ればとかじゃなくて、ぱっと見でわかりやすい美人レスラーだと思います。

みぃ　ありがとうございます(笑)。でも最近はだいたいお笑いをやるんですけどね。

――いやいや、それも「いい女がちょっとふざけたこともやります」っていう自覚があってやってますよね？(笑)。

みぃ　アッハッハッハ！　いやいやいやいや(笑)。

――それとずっとグッドシェイプを維持されていることも素晴らしいですよね。

みぃ　ちょっといま減量中ではあるんですけど(笑)。私はバイトとかをしていなくて、ホントにプロレスだけで生活をしているので、ほかの兼業でやっている選手よりも時間があるし、ありがたいことに会社からそういう環境を作ってもらっているので、そのぶん練習できる時間があるからかなとは思います。

――そしてひとりの女性として、月並みですけど「結婚して子どもがほしい」とかっていう願望はないですか？

みぃ　いやー、もう嫁に行きたいですねぇ！　相手が全然いないんですけど嫁に行きたいです～(笑)。でも子どもがほしいとは思わないんですよね。ずっとプロレスをやり続けたいので。

――出産や育児があると、どうしても休まなきゃいけないですもんね。

みぃ　それとプロレス一本で食べていくのも自分ひとりが精一杯ですからね。でも結婚はしたいんですよ。絶対的な味方がほしくて。

――絶対的な味方ってなんですか？

みぃ　孤独死したくない。アッハッハッハ！

――自分かわいさのための結婚ですね(笑)。

みぃ　かもしれないです(笑)。でもこれからもできるだけプロレスを、メイ・ヤングぐらいまで続けてやりたいと思っていますね。

Calvin Klein
Calvin Klein

小川直也の付き人、平成極道コンビを経て、あと1回アキレス腱を切ったら引退の危機!!

"銅(あかがね)のサムライ"

GOSAMARU

［琉球ドラゴンプロレスリング］

「琉球ドラゴンで後楽園に進出してみたいですし、新日本にも上がってみたいですし、海外でもやってみたいという夢がある。それまでアキレス腱を切らないように注意深く生活をさせていただきます（笑）」

収録日：2020年2月6日
撮影：池野慎太郎
試合写真：©琉球ドラゴンプロレスリング
聞き手：井上崇宏

「小学2年生くらいのときに朝起きたら母親がいなくて（笑）。要するに捨てられた形ですよね」

――私、とある仕事で数日前から沖縄に来ているんですけど、ふと国際通り近くにある屋台村の店（『村咲』）に飛び込んだら見覚えのある大男を見かけたところでして（笑）。

GO　はい、いらっしゃいませ（笑）。

――稲葉雅人さんということで間違いないですね？

GO　まあ、いちおう稲葉なんですけど、ちょっとマスクをかぶらせてもらいますね。（マスクをかぶって）どうも、GOSAMARUです（ニッコリ）。

――GOSAMARUさん、はじめまして（ニッコリ）。いまから緊急インタビューをさせてもらってもいいですか？

GO　いや、ありがたいですけど申し訳ないですね。こんな出会ったばかりの自分を取材だなんて（笑）。

――なんかおもしろいことを言ってくれそうな雰囲気を感じていますので、よろしくお願いいたします。先日、琉球ドラゴンプロレスの大会にお邪魔させてもらったんですけど、GOSAMARUさんはメインで試合をされていましたよね（1月26日・沖縄市民会館『我栄トーナメント2020 Cブロック一回戦』）。

GO　そうですね。観に来ていただいて嬉しいです。

――沖縄には何年前から住んでるんですか？

GO　おととし（2018年）からです。でも10年前にも2年半ほど住んでまして、そのときは別のキャラクターでプロレスをやってたんですよ。

――沖縄プロレスのゴールデンパインですよね。

GO　あー、そうです、そうです。

――ボク、国際通りの常設だった会場でゴールデンパインを生で観てますよ。拳王選手もいましたね。

GO　あっ、カンムリワシ用高もいたわけですね（笑）。

――どうして沖縄の地へとたどり着いたんですか？

GO　3～4年くらい前に首のケガがあったりして、ドクターストップがかかっちゃったんですよ。それで大日本さんに「継続参戦ができなくなりました」っていう話をさせていただいたんですね。だけど内心ではまだプロレスを続けたかったし、もともと沖縄に住んでみたいという夢もあったので、タイミング的に「いましかないかな」となったんですよ。当時付き合っていた彼女とも別れたので（笑）。

――彼女と別れたこともあり（笑）。

GO　あり（笑）。「このタイミングを逃したらもうないな」ってことで思いきって沖縄に来ましたね。それで琉球ドラゴンの代表のグルクン（マスク）さんとは昔から知り合いだったので、グルクンさんにわがままを言って入れていただきまして。だからいまはプロレスを続けたい、沖縄で暮らしたいという2つの念願が叶った感じでやらせてもらっていますね。

――小学生の頃からプロレスが好きだったんですよね？

GO　そうですね。（神奈川県）川崎に住んでたんですけど、近所のビデオ屋さんにＦＭＷのビデオがありまして、小学校３～４年のときにはもう観てました。それで５年生になって「川崎球場に大仁田厚さんが来る」ってことで親に無理を言って連れて行ってもらって観たのが初のプロレス観戦です。もちろん新日本さんとかもたまにテレビで観てました。土曜の夕方に『桜っ子クラブ』のあとにやってたので（笑）。

――『桜っ子クラブ』ってありましたね（笑）。

GO　だけど、やっぱり好きになったきっかけは最初に観た大仁田さんのことを「カッコいいな」と思ってからですね。

――大仁田さんのどういうところがカッコいいと思ったんですか？

GO　やっぱりあのカリスマ性ですよね。３～４万人のお客さんが大仁田さんに向かって声援を送っている姿を見て、かなり衝撃を受けましたから。しかも血だらけじゃないですか。「ああ、こういうふうになりたいなあ」っていう気持ちがありましたね。

――じゃあ、その頃からすでにプロレスラーになりたかった？

GO　大仁田さんを見てからはなりたいと思いましたね。それまではプロ野球選手になるのが夢だったんですけど。

――野球をやってたんですか？

GO　やってました。同じチームの３個下くらいにいまロッテにいる内竜也がいましたね。

――少年野球のチームですか？

GO　そうです。自分もわりと本気でプロ野球選手になりたいと思っていました。

――たしかにパ・リーグにいそうな顔ではありますよね（笑）。

GO　アッハッハッハ！　それ、よく言われるんですよ。近鉄ヅラだって（笑）。実際はジャイアンツが好きなんですけど。

――じゃあ、スポーツ好きな活発な少年だったんですね。

GO　そうですね。でも小学2年生くらいのときに朝起きたら母親がいなくて（笑）。

――えっ？

GO　起きたらいなかったんですよ。父親はその精神的ショックで病んじゃって仕事ができなくなりまして、それからボクはじいちゃんばあちゃんに育てられることになるんですけど。要するに母親に捨てられた形ですよね。

「全日本プロレスに履歴書を送ったんですけど、返事がなかったので大学に行きました」

――じゃあ、おじいちゃんとおばあちゃんの家で生活をしてたんですか？

GO　そうですね。父親も一緒に住んでいたんですけど、そんなに会話もない感じで。それでプロレスラーにはずっとなりたいと思ってるから中学にあがったら体操部に入ったんですよ。たまたま買った本にグレート・サスケさんとTAKAみちのくさんがアストロシザースやコルバタの解説をしていて、その最後に「空中技をやりたいなら体操部に入ることをおすすめします」って書いてあったんで、ボクは単純だから素直にその言葉を信じて体操部に入ったんですよね。

――サスケさんも中学で体操部ですもんね。成績はどうだったんですか？

GO　体操は最高が県大会優勝ですね。新体操なんですけど。

――新体操で県優勝を果たした姿がまったく想像つかないですね（笑）。プロ野球選手になりたいって思うぐらいだし、やっぱり運動神経はよかったんですね。

GO　そうなんですかね。それから高校でレスリングを始めるんですけど。

――体操をやってからレスリングっていうのは、プロレスラーになるにはなかなかいいコースですよね。

GO　そうですね。自分もプロレスラーになりたいと思ったとき、「いちばんの近道はやっぱレスリングかな」っていうのはありましたから。それでレスリング部がある学校を探して東京実業高校に行くんです。

――東京ってレスリング部がある高校は何校くらいあるんですか？

GO　もともと少ないのにいまはさらに減っているらしくて、須藤元気さんがいた関東第一もレスリング部がなくなってしまいましたから、5～6校とかですかね？

――竹田誠志選手がいた自由が丘学園とか。

GO そうですね。フジタ〝Jr〟ハヤトさんとかも自由が丘学園ですよね。

――東実には推薦で入ったんですか？

GO いや、これはたまたま……学校案内に行ったら幼馴染のお父さんが働いてまして。

――教師で？

GO 教師でいまして、「レスリング部に入りたい」って言ったらすんなり入れました（笑）。

――えっ、どういうことですか？　それって推薦ってことじゃないですか。

GO いえ、推薦っていうか、話を通してくれたっていうか（笑）。

――アルバイトじゃないんですから（笑）。

GO いちおう受験はしましたよ。面接だけですけど（笑）。

――東実レスリング部の同期にKAGETORA選手がいるんですよね？

GO そうです。ドラゴンゲートのKAGETORAがいて、1個下にみちのくプロレスの卍丸がいて、ボクらの6個上に去年亡くなられた青木篤志さんがいて。

――あっ、青木さんも東実でしたね。じゃあ、当時の東京のレスリングシーンというのは、わりとプロレスラーを志してアマレスをやるっていう人が多かったんですか？

GO いや、意外と少ないかもしれないですね。芸人になっている先輩もいらっしゃるので。

――あっ、森さん！

GO 元エネルギーの森一弥さんも東実のレスリング部ですから。あと違う高校ですけど、くまだまさしさんとかもそうですよね。

――そうだそうだ。高校での成績はどうだったんですか？

GO 関東3位が2回と、国体5位が2回ですね。84キロ級とかでグレコだったんですけど。

――わりとそこまで凄まじい成績でもない感じですね（笑）。

GO まあまあ普通な（笑）。高校時代から早くプロレスラーになりたかったんで、レスリングはもうその基礎がわかればいいっていう感じだったので。

――じゃあ、とにかく身体を大きくしようって感じですかね。

GO いや、当時は丸藤（正道）さんとかハヤブサさんに憧れていて空中殺法をやりたいなっていうのがあったので、そこまで大きくしようってほうにはならなかったかもですね。それで卒業するときに全日本プロレスに履歴書を送ったんですけど、返事がなくて。それは通らなかったのか、返事が来たけどおばあちゃんが捨てたかのどっちかですね。

――ということは、おばあちゃんたちはプロレスラーになることに反対だったんですか？

GO じいちゃんとばあちゃんは「大学から推薦が来てるんだから行け」っていう話で。

――かわいい孫ですからね。時期的に全日本の分裂直後ですかね。ノアが旗揚げをして。

GO　そうですね。選手の方たちが大量にノアに行ったあとですね。

「小川さんには普通なら会えないような芸能人に会わせてもらったり……まあ、いい思いはそのくらいなんですけど（笑）」

――なんでノア志望じゃなかったんですか？

GO　その当時は川田（利明）さんが好きだったんですよ。いまでも好きなんですけど。

――短いスパンで好きなレスラーがころころと変わりますよね（笑）。それで川田さんが残っていた全日本に入りたかったと。

GO　そうなんです。でも返事が来なかったのでとりあえず東洋大学に進学をしまして。

――そこで電話で問い合わせるまではやらないんですね。東洋はレスリング推薦ですよね？

GO　はい。拓殖、国士舘とかからも推薦の話が来てたんですけど、東洋に高校の先輩がいたので監督から「東洋に行け」って言われまして。たまたま関東大会の準決勝で自分が全国チャンピオン相手にいい試合をしたのを東洋の監督が見ていて、それで声がかかったんですよね。

――伸びしろがあるぞ的な。大学までガッツリやるっていうのは、もうレスリングもわりとマジですよね。

GO　結局、大学では東日本新人戦2位が最高成績だったんですけど。

――よく聞く話だと、プロレスラーになりたくてアマレスを始めた人も、結局やっているうちにアマレスにどっぷりはまっちゃうみたいな感じになるみたいですけど。

GO　ああ、自分はまったく違いますね。

――気もそぞろですか？（笑）。

GO　もうずっと（笑）。だから練習中もプロレスごっこをやったりとか。

――そっち系ですか（笑）。

GO　そっち系です（笑）。

――じゃあ、タイトルを獲れなくてもべつにっていう。

GO　そうですね。考えが甘いといえば甘いんですけど。

――大学は4年で卒業したんですか？

GO　いえ、大学側から「もう1年いてくれ」って言われたんで、5年生までやりました（笑）。たかだか4単位を取るためだけに1年延長で行ってましたね。だけど4年が終わった段階でもう小川直也さんの下についてたんですよ。

――小川直也の付き人をやってたんですよね。ということは大学生と付き人をかけもちで？

GO　はい。大学生と小川さんの付き人を交互にやっていた感

じです。だからあの当時に小川さんから言われたのは「ちゃんと4年で卒業していれば、おまえをアメリカに行かせてたんだぞ」って。

――アメリカに？　小川直也にそんなルートありましたっけ？

GO　当時、ハッスルにリキシさんが来ていたので、そのスクールに入れようとしていたみたいですね。

――藤井克久さんが東洋大レスリング部の先輩ですよね？　その藤井さんが小川さんに付いていてPRIDEに出たり、〝藤井軍鶏侍〟でハッスルに出たりしていた流れで「おまえも手伝えよ」って声をかけられた感じですか？

GO　いや、自分から藤井先輩に「プロレスラーになりたいです」って相談をしたんですよ。そうしたら「ZERO－ONEとハッスル、どっちがいいの？」って聞かれたので「じゃあ、ハッスルに行きたいです」って言ったら、小川さんの付き人をやらせていただくことになったんですよ。

――なるほど。「ZERO－ONEかハッスルなら顔がきくぞ」と。

GO　そうですね。

――そこで、なぜハッスルを選んだんですか？

GO　会場にハッスルを観に行ったときに「こんなおもしろいプロレスがあるんだ！　こういうところでやってみたい」っていうのがありまして。

――新たな可能性を感じたというか。小川直也の付き人ってど

んなことをやってたんですか？

GO　基本的には小川さんの身の回りのお世話をしたりとか、練習パートナーをやったりとか、ご家族の送り迎えをやったりとかですね。

――本当に付き人をやってたんですね。練習はどこでやってたんですか？

GO　明治大学の柔道部での練習とか、あとはボクシングですね。

――キックの伊原道場ではなくて？

GO　その頃は茅ヶ崎のピストン堀口ジムですね。

――小川さんってどんな人でした？

GO　典型的なB型だと思います。

――典型的なB型っていうのは、要するに自己中？

GO　自我が強いんだなっていう。

――なんか嫌な思いとかしなかったですか？

GO　嫌な思いですか？　なんかありましたかね？

――嫌な思いしかないでしょ（笑）。

GO　いやいや……（笑）。でも自分が弱いのが悪いというか、「こういう世界なんだな」っていう感じでしたね。ただ、いい思いもさせてもらったので。

――たとえば？

GO　普通だったら会えないような芸能人の方に会わせてもらったりとか……まあ、そのくらいなんですけど（笑）。でも小川さんの付き人をやらせていただいたのも3カ月くらいですからね。自分に根性がなかったのと、やっぱり「プロレスの練習をしたい」っていうのがありましたので。

「彼女から『もうプロレスは辞めてほしい』って言われたんです。だけど目の前で楽しそうにプロレスの話をするんですよ（笑）」

――大学レスリングから小川直也の下について、PRIDEっていうのは頭になかったんですか？

GO　初めて小川さんにお会いしたときに「おまえはグレコとフリー、どっちをやってたんだ？」って聞かれたんですけど、「グレコです」って答えたら「センスがない」って言われましたね。

――えっ、どういうことですか？（笑）。

GO　グレコだとダメなんでしょうね。

――ご自身も総合格闘技にはそんなに興味がなかった感じですか？

GO　そうですね。やっぱりプロレスが大好きで、プロレスが

GOSAMARU（ごさまる）
1982年11月13日生まれ、神奈川県川崎市出身。プロレスラー。幼少期からプロレスにハマり、プロレスラーを志す。中学は体操、高校ではレスリングで鍛え、東洋大学に進学。その後、小川直也の付き人を経て、プロレスリングElDoradoに入門。2007年12月29日、本名の「稲葉雅人」でスパーク青木と組み、NOSAWA論外＆MAZADA戦でデビュー。2008年6月より約2年半、分身の「ゴールデンパイン」として沖縄プロレスに参戦。2012年より大日本プロレスを主戦場として星野勘九郎との「平成極道コンビ」で活躍。2016年4月、首のダメージにより欠場し、一度は復帰を果たすもドクターストップがかかり大日本のレギュラーから離れることになる。その後2018年6月に琉球ドラゴンプロレスリングに入団してリングネームを「GOSAMARU」に改名した。

いちばんだと思っていたので。それでその後、KAGETORAに誘われてエルドラド（ElDorado）という団体に入ることになるんですけど。

――エルドラドには小川さんの付き人を辞めてすぐに入ったんですか？

GO いや、1年くらい空いてますね。そのときは「違う職業に就こう」と思っていまして、バイトをしながらいろいろ探してたんですよ。

――いやいやいや、本当にプロレスラーになりたいのか、なりたくないのか！（笑）。

GO なりたいんですよ（笑）。だから、たまたまKAGETORAと一緒に飲みに行く機会がありまして、そのときに「おまえはまだプロレスをあきらめられてないんだから、ウチに来てダメだったら辞めればいい」っていう話をされて練習に行ったのがきっかけですね。

――それでエルドラドで念願のプロレスデビューっていう。ずっと憧れていたプロレスの世界はどうでした？

GO 先輩方がみんなやさしい人たちで、プロレスをイチから丁寧に教えていただいたんですよ。SOS（ヘラクレスオオ千賀&ツトム・オースギ）さんとか、いまシークレットベースの清水（基嗣）さんとか全日本にいるブラックめんそーれさんとかが凄くよく教えてくれたんです。でもレスリングの下地はあったんですけど、プロレスとレスリングは全然違うんだなっていうことに気づきまして。受け身も柔道に近いですからやっぱり最初は苦労しましたね。

――エルドラドに所属しながらも途中の2年半、ゴールデンパインとして沖縄プロレスに参戦というのはどういった経緯だったんですか？

GO それは沖縄プロレスが旗揚げするっていうときで、選手がいないからいろんなインディー団体に声をかけていたんですよ。それでエルドラドは試合が月1回とかでしたから「修行のつもりで行ってこいよ」ってことで自分が行くことになったんですよね。

――修業先でゴールダストみたいなキャラクターをやったわけですね。

GO そうです。だから当時ゴールダストのビデオを観せられて「これで勉強して」って（笑）。

――「もう、まんまこれだから」っていう（笑）。

GO ボクはもうショックでしたけどね（笑）。

――「なんで変態なんだ」と（笑）。でもゴールデンパインはおもしろかったですよ。

GO だけど2011年ですかね、家庭の事情で沖縄から戻ってくることになるんですよね。ちょっと実家が複雑な状態になってまして。

――複雑っていうのは言える範囲でどんな状態だったんですか？

GO おばさんのご主人が○○だったんですよ（以下、割愛）。

——えっ？（笑）。

GO　それで家にカネがないからってことで自分が戻ってきて働きながらプロレスをやるっていう。ここはちょっとうまい感じで書いてくださいね（笑）。

——いえ、完全に載せられない話です（笑）。東京に戻ってきて、そこからは大日本プロレスが主戦場ですよね。

GO　はい。フリーで定期参戦させていただいて。

——大日本では星野勘九郎選手と平成極道コンビを結成したり、もちろんデスマッチもやっていたので「大日本の稲葉」っていう印象が強いですけど、所属ではなかったんですね。

GO　みんなそういうイメージを持ってますけどフリーだったんです。それでさっきも言いましたけど、首が悪くて欠場するようになるんですけど。首は慢性的に悪くて、脊柱管狭窄症になっちゃったんですね。欠場する半年前からごまかし、ごまかしでやっていたんですけど、だんだんと背中とか腕がしびれたりしてきて。

——ああ、怖いですね。

GO　それで握力が両方とも16キロまで落ちたりとかして。

——UFOキャッチャーじゃないですか（笑）。

GO　ホントそうです（笑）。さすがにそれで「おかしいな」と思って病院に行ったら発覚した感じですね。だからなんとか復帰もしましたけど、最終的にドクターストップがかかって、自分から「すみません！」ってなって。

——結果的にいま首の状態は大丈夫ってことですよね？

GO　はい。

——でも当時は引退の覚悟をされたんでしょうね。

GO　首をケガしたとき、当時お付き合いしていた彼女からも「もうプロレスは辞めてほしい」って言われたんですよ。自分としても「10年やったからいいかな」っていう気持ちがあったんですけど、彼女の家族もプロレスが好きで、やっぱりみんなで集まったときに「あの試合はよかったな」とか「あの選手はいいね」とかって話をし始めるんですよ（笑）。そんな目の前で楽しそうにプロレスの話をされると、やっぱやりたくなってしまうんですよね。

——「俺にはプロレスを辞めさせて、あんたらはファンを辞めないのか！」と（笑）。

GO　もちろんプロレスを観に行くのは全然オッケーなんですけど、「ボクの前で話をしなくても……」っていう（笑）。そうこうしているうちに沸々とまたやりたくなってきて。

「あわてて失くした財布を探していたときに段差を踏み外して、またアキレス腱がブチンと切れて……（笑）」

——彼女の「もうプロレスは辞めてほしい」っていうのは、要するに普通の職業に就いて結婚ってことですよね？

GO　そうですね。だから別れ際に言われた言葉も「ずっと浅草にいてくれるものだと思ってた」って。

——浅草の女性でしたか。これは個人情報ですね（笑）。

GO　それで最初にした話になるんですよ。「またプロレスがやりたい」「沖縄に住みたい」っていう気持ちがあって、年齢的にもこのタイミングだっていうことでグルクンさんに電話をしまして、沖縄行きを決めましたね。

——琉球ドラゴンプロレスに入団してみてどうでしたか？

GO　イベントとかを含めて年間100大会近くやっているんですけど、沖縄でもまだまだ浸透していないっていうのが現状ではありますね。地元の人たちも「琉球ドラゴンプロレスリング」っていう名前は知っていても、実際に観に来ていただけるまではちょっとっていう。沖縄に年に1回来る新日本さんはやっぱりお客さんを2000～3000人入れるんですよ。それを見ていると「これだけプロレスを観に来る人がいるのに、どうしてウチには来てくれないんだろう？」っていう思いがあるので。

——沖縄にはチケットを買ってプロレスを観に来る人が3000人はいると。

GO　そういう人たちをちゃんと取り込めることができたらって思いますね。その1割でもいいじゃないですか（笑）。見ていてやっぱり悔しいですよ。旗揚げしてから今年の4月で7年なんですけど、グルクンさんとかハイビスカスみぃさんみたいに個人の知名度がある人はいても、団体としてはまだまだ知られていないので。

——ただ、沖縄に来てからもまたケガをしちゃうんですよね？

GO　そうですね。去年2月の『我栄トーナメント』決勝戦でアキレス腱断裂をしました。

——それは技の失敗とかですか？

GO　いえ、3メートルくらいの脚立から飛ぼうとしたら勝手にバランスを崩して落っこちまして、それでアキレス腱がブチンと切れて（笑）。

——とんだ一人相撲で。あー、左足ですね。傷跡が痛々しいですね。

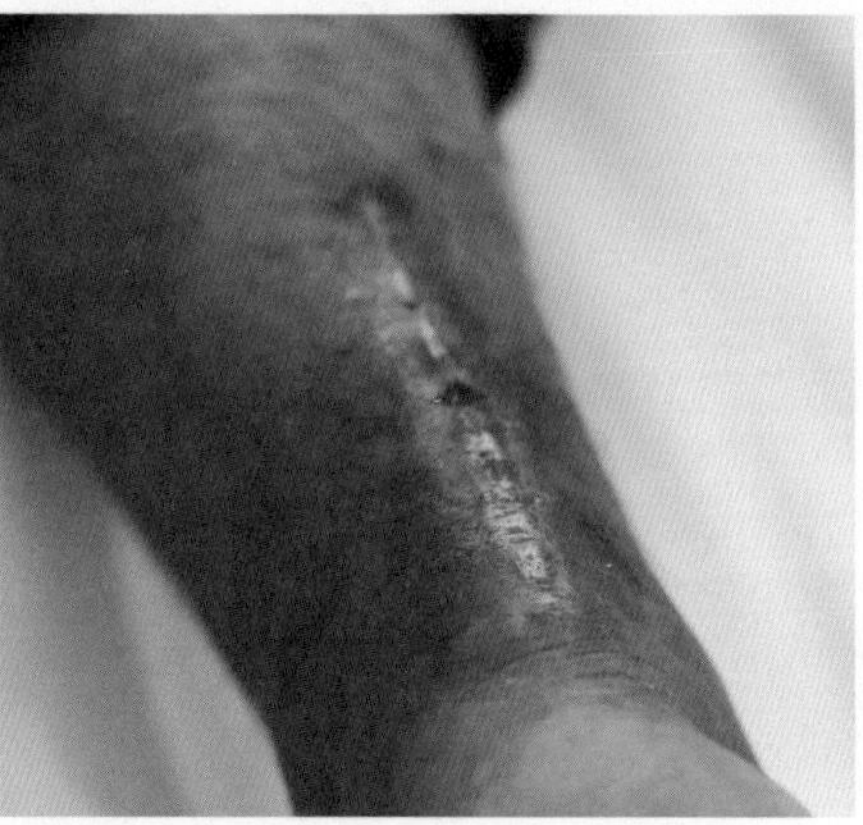

GO　やった瞬間は肉離れかなと思ったんですよ。激痛というよりも感覚がなさすぎて「おかしいな……」って思ったんですけど、いちおう試合は続行して優勝したんですよ。

――優勝したまま欠場ですね。それから何カ月くらいで復帰できたんですか？

GO 本来なら夏に復帰できる予定だったんですけど、欠場中に財布を失くしてしまいまして……。

――はい？（笑）。

GO 那覇市内の街で財布を失くしてしまったんですよ（笑）。

――いやいや、財布を落として、どうして復帰時期が延びるんですか？

GO あわてて財布を探していたら段差を踏み外しまして、そうしたらまたアキレス腱がブチンと切れて……（笑）。

――ええーっ!? 同じところを!?（笑）

GO そうなんです。それで急遽手術をしまして（笑）。

――だっせぇ……。

GO めちゃくちゃダサいんですよ。それで、それもそろそろギプスが外れるかなっていう頃に高熱が出て、左足に激痛が走ったと思ったら「術後感染症にかかっています」って言われて（笑）。

――うわあ。

GO それも何百人にひとりとかっていう確率らしくて。

――悲惨ですね。じゃあ、いまは復帰したてですか？

GO 去年12月に復帰したばっかですからそうですね。1回目は自分で勝手に脚立から落ちて、2回目は街で財布を探してるときだったので、グルクンさんからは「あと1回アキレス腱を切ったらクビ」って言われてるんですけど……（笑）。

――アハハハハ！ じゃあ、毎日が『アキレス腱を切ったら即引退スペシャル』じゃないですか！（笑）。

GO グルクンさんが怒るのも当然なんですよ。そうして休んでいる間もずっと給料をいただいてましたから。

――めちゃくちゃドラ息子ですね（笑）。

GO 逆に言えばボクのことがかわいいんでしょうね（笑）。でも「もう1回切ったらクビ」っていうのはどうやら本気らしいです……。

――そりゃそうでしょう（笑）。でも、いくら気をつけようと思っていても切れるときは切れますもんね。

GO そうなんですけど、それまでボクは3メートルくらいの高さからどんなに投げられても平気だったので、やっぱりトシなのかなんなのかわからないですけど……。

「新日本さんにも上がってみたいですね。NEVER戦線とかに食い込んでみたりして（笑）」

――お願いですから、このインタビュー中に突然アキレス腱を切ったりしないでくださいね（笑）。

GO できることならボクも切りたくないですけど（笑）。

――じゃあ、今度切ったら本当にプロレス引退ですかね。

GO その覚悟でやってますね。なのでいまはおとなしくしていようかなと。

――「おとなしくプロレスをやる」って初めて聞く言葉ですよ。このまま無事にアキレス腱を切らずにプロレスを続けることができた場合、たとえば「琉球ドラゴンだけじゃなくて東京でも」っていう気持ちはあるんですか？

GO そうですね。GOSAMARU個人としてもありますし、琉球ドラゴンという団体として後楽園とかで興行ができたらっていう夢を持ってやっていますね。「ローカルインディーも凄いんだぞ！」っていうのを見せたいので。

――こないだの大会もとてもおもしろかったですよ。純粋にプロレスが楽しめる空間というか、会場の雰囲気もいいですよね。

GO そうですね。ファンのみなさんが温かいんですよね。

――GOSAMARUさんもょっと橋本真也を彷彿とさせるような突貫ファイトで。

GO 橋本さんみたいな生き様はカッコいいですよね。だから個人としては新日本さんにも上がってみたいですし。

――おお、ニュージャパン！

GO NEVER戦線とかに食い込んでみたりして（笑）。

――なんで笑ってるんですか（笑）。

GO でも、いちばんはアメリカとか海外でもやってみたいっていうのがありますね。外国人レスラーとやって自分がどこまで通用するか知りたいです。

――いまおいくつですか？

GO 37歳です。だからあまり夢を見る時間もないので。

――ここのお店以外でも仕事はされてるんですか？

GO あとはキャバクラのボーイをやったりとかしてますね。

――プロレス以外はその2つですか？

GO 2つですね。それと、お世話になっている方から料理の勉強をさせていただこうかなっていう話もちょっとあるんですけど。

――えっ、そっちの道もあるってことですか？

GO まあ、いつかは。

――引退後の人生を見据えて？

GO いや、現役のうちにお店を出せたらいいかなっていうのもあって（笑）。

――話をまとめると、料理の勉強をしながら新日本に上がり、料理の勉強をしながら海外でも腕試しをしてみたいってことですね？

GO まとめないでください（笑）。去年はホテルでも働いてたんですけどね。

――ホテルで何の仕事をされていたんですか？

GO フロントをやってました。スーツを着てパソコンをこうやってやりながら。

――ホテルのフロントはどうして辞めたんですか？

GO いや、アキレス腱を切ったんで（笑）。

――いろんなものを失ってますね（笑）。次に沖縄に来たとき

も琉球ドラゴンプロレスを観戦させていただきたいと思っていますので、今後ともよろしくお願いしますね。

GO　ぜひぜひ。それまでアキレス腱を切らないように注意深く生活をさせていただきます（笑）。

RYUKYU DRAGON INFORMATION

沖縄に行ったら琉球ドラゴンを観よう！
4月19日は7周年記念大会を開催!!

『NAHA BATTLE FESTA 2020～Vol.1』
2020年3月15日(日)
12:15開場／13:00開始
那覇市ぶんかテンブス館

『琉球ドラゴンプロレスリング
旗揚げ7周年記念大会』
2020年4月19日(日)
13:30開場／15:00開始
琉球新報ホール

[琉球ドラゴンプロレスリング公式サイト]
https://rd-pw.com

兵庫慎司の

プロレスとまったく関係なくはない話

第57回　日時以外もまず言えよ

兵庫慎司

「○月×日って空いてますか?」

メールもしくは電話で、いちばん困る問い合わせがこれである。主に音楽、たまに映画、もっとたまにそれ以外（テレビとか小説とかサウナとか）のフリーライターである僕の職業上、そう問われる時というのは、誰かをインタビューする仕事の依頼なわけだが、まず最初にこう訊いてくる編集者が、ジャンルとか年代とかを問わず、けっこういる。

より正確に言うと、「こう訊いてくる」のが問題なのではなく、「それしか伝えてこない」のが問題なのだ。

誰の取材か言えよ。

という話じゃないですか。スケジュールさえ空いていればなんでも引き受けますよ、というわけじゃないんだから、こっちは。

まず、「なんで俺に?」と言いたくなるほど、そのインタビュー相手とかそのジャンルとかに対して自分は疎い、だから辞退したい、という場合がある。

「俺じゃなくちゃいけない仕事」など、この世には存在しないが、「俺じゃない方がいい仕事」「俺じゃダメな仕事」は、歴然とある。というのが、僕の基本姿勢なのだが、その最たるものが、このパターンだ。

たとえば、サッカーまったく観ないのにＪ１の選手にインタビューとか、アニメ全然知らないのに声優と監督の対談とか、そういう類いのことです。ねえだろそんなの。と思われそうだけど、たまにあるのです。

あるいは。ウェブの時はあんまり関係ないが、雑誌の場合って、基本的に、ページ数によって原稿料が変わるのですね。ただし、質問を考えてインタビューをする手間も、その音声を起こしてまとめてテキストにする手間も、１ページの記事だろうが４ページの記事だろうが、やる側の感覚としては、そんなに変わらないわけです。

で、４ページ以上ならまあＯＫ、２ページはギリギリ、１ページのやつは割が合わないので断りたい、みたいなことが、よくあるのですね。雑誌の場合、最初に「空いてますか?」だけじゃなくて、誰の取材か言ってくれる編集者であっても、ページ数は訊かないと教えてくれないことが多いし。

で、もっと言うと、あの雑誌のあのコーナー、1ページだけどその取材相手が自分がとても興味のある人だ、ぜひ一度話を訊いてみたい、じゃあ割が合わなくても引き受けようかな、という場合も、時にはあったりするわけなのだ。

ね?「最初に誰なのか言えよ」って話でしょ。「空いてます。なんの取材ですか? え、サッカー? すみません、なんにも知らないから無理です」とか「え、1ページ? ごめんなさい、学生の頃のローソンの夜勤(30年前だ)より時給の安い仕事はお受けできないんです」とか、いちいち俺に言わせるなよ。ってことじゃないですか。

いや、前者の「なんにも知らないから」はまだいいが、後者の「安いからお受けできない」はねえ、酷じゃない? 俺に言わせるの。「あ、ごめんなさい、その日のその時間帯、埋まっちゃってまして」とか言って、スケジュールのせいにしたいじゃないの。その方がお互い傷つかないじゃないの。ねえ。って、いつの間にか論点が移ってしまっているじゃないか、「誰の取材なのか言え」から「ページ数を言え、ギャラを教えろ」っていう話に。

こういうの、仕事以外でもありますよね。「×日の夜、空いてません?」という1行ショートメールとか。飲みの誘いだろうけど、誰とよ? なんの集まりよ? それ次第で、予定入っているけどそっちをキャンセルしてでも馳せ参じたい時もあれば、空いてるけど気が進まないから行きたくねえな、って時もあるわけじゃないですか。

その判断ができないでしょ、内容を教えてくれないと。「×日の夜、××さんと飲むんですけど、空いてません?」なら「ごめんなさい、その日もう入ってまして」と、穏やかに話が終わるというのに。

そうなのだ。仕事の依頼であれ、飲みの誘いであれ、内容を伝えずにまずスケジュールだけ訊いてくる人、というのは、意識的にしろ、無意識にしろ、「日時の不一致を言い訳にする奴を許さない」という人格なのだ、要は。「やりたいかやりたくないか、来たいか来たくないか、あなたの本音をまず確認しないと納得できない」という。日時だけ言って素直に答えたら味方、内容を訊いてきたら「はい、敵!」みたいな。

こえぇよ。目上のおっさん編集者とかならまだしも、大学出たばかりの20代の女性の編集者とかにも、自分が日々それを食らっているんだと思うと、恐怖のあまり叫びだしたくなりますよ。次にまた誰かから「×日、空いてますか?」だけのメールが来たら、スマホを見るや否や「ひいっっ!」と、楳図かずおマンガの顔になりますよ。布団に潜ってブルブルですよ。「♪布団の中から出たくなーいー」と歌いたくなりますよ、打首獄門同好会のように。

ちょっとどうかと思う。ただし、以上の文章をブログにアップするんじゃなくて『KAMINOGE』のコラムにしとこう、という判断をした自分も、本当に、ちょっとどうかと思う。読まれて困るなら書くなよ。

あと、本当に日時が合わない時も……っていうか、断る時って95%以上それなんだけど、今後は信じてもらえなくなるからな、おまえ。とも言いたいです。

兵庫慎司(ひょうご・しんじ)1968年生まれ、広島出身、東京在住。音楽などのライター。2019年11月21日発売の著書、ユニコーン『服部』30周年記念本「ユニコーン『服部』ザ・インサイド・ストーリー」、書籍は在庫超僅少ながら発売中、電子書籍は在庫無限で(あたりまえだ)発売中。なお、『KAMINOGE』の原稿料は割に合っています、ああもうそれは合っていますし、たとえ合わなくても仕事をしたいメディアです。

第23回『プレイバック！ ブラザー！』

本誌も次号で100号。今回はちょっぴりおセンチな気分で41号のカバーを飾った中邑画伯の「BROTHER」イラストをチョイスしてみたよ。画伯が絵がうまいっていうのは恥ずかしながらこの頃（2015年）に知ったんだよね。知ったら最後、すぐにカバー用のイラストを発注したよね！

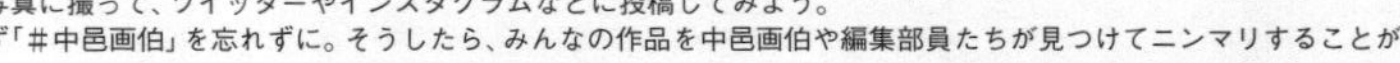

ぬったイラストを写真に撮って、ツイッターやインスタグラムなどに投稿してみよう。
そのときはかならず「＃中邑画伯」を忘れずに。そうしたら、みんなの作品を中邑画伯や編集部員たちが見つけてニンマリすることができるから！

TARZAN BY TARZAN

ターザン・バイ・ターザン

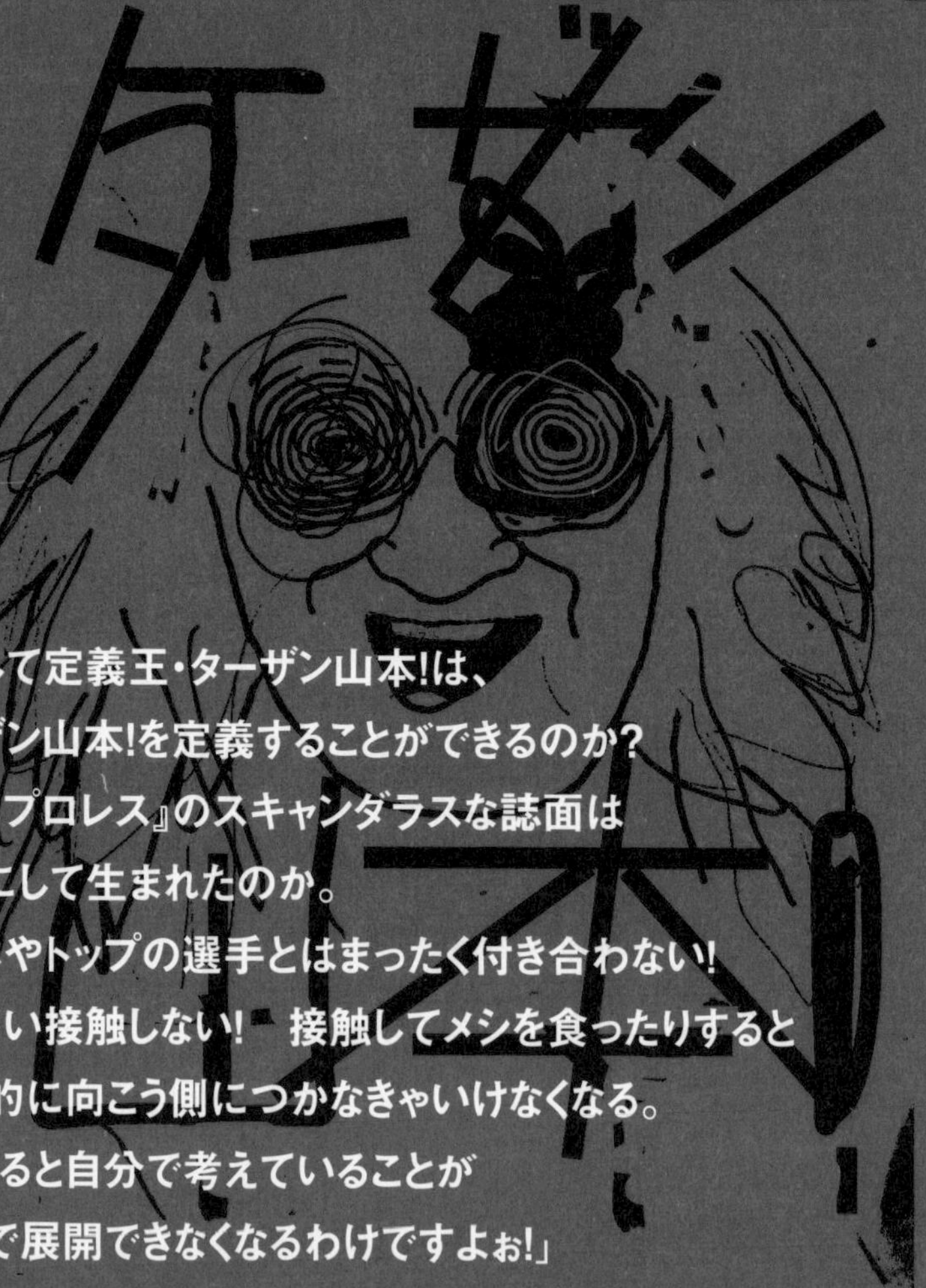

はたして定義王・ターザン山本!は、
ターザン山本!を定義することができるのか?
『週刊プロレス』のスキャンダラスな誌面は
いかにして生まれたのか。
「団体やトップの選手とはまったく付き合わない!
いっさい接触しない! 接触してメシを食ったりすると
宿命的に向こう側につかなきゃいけなくなる。
そうすると自分で考えていることが
誌面で展開できなくなるわけですよぉ!」

絵 五木田智央 聞き手 井上崇宏

第八章　『週刊プロレス』の独自路線

「長州、藤波、前田、佐山といった自分の部下たちを分裂させることが猪木さんの最大の趣味だったんですよ！」

――『週刊プロレス』が創刊に至る経緯で、初代編集長の杉山さんの抜群の政治力が発揮されたという。

山本　抜群の突破劇ですよぉ！　とにかく杉山さんの出世欲は凄くて、それはもう執念とも言うべきものだった。いつか自分が役員になり、ベースボール・マガジン社を根底から変えるんだという驚くべき野望があったわけですよ。そのためには絶対に週プロで成功させるっていうね。だって週刊誌は『週刊ベースボール』が絶対的母体で、そこをひっくり返そうっていうこと自体が会社を転覆させることだから。会社にとってはどうでもいい分野の最低ランクにいた週プロ編集部が、もしもメジャーになり、最先端になったとしたら、大どんでん返しを起こすわけだよね。それはベースボール・マガジン社の根底を変えることになるわけでしょ。

――会社としてのアイデンティティの崩壊ですね。

山本　それをあの人は目論んだわけですよ！　社員はみんな社長のイエスマンだったから、逆にそういう会社はひっくり返しやすいと考えたんよ。だから「ここで杉山レボリューションを起こすんだ！」と。

――本人は「杉山レボリューション」とは言ってないですよね（笑）。

山本　そういう多大なる野心に燃え、たとえ失敗したとしてもどっかの部署に異動させられるだけだからいいやっていうさ。その腹の括り方も凄いよ。

――腹の括り方だし、計算だし。首が飛ぶことはまずないだろうと。

山本　辞めることになることはないと。サラリーマンとしても非常に巧妙だよね。でも社内的には池田一族じゃないし、新潟出身でもないから外様なんですよ。大それた夢なんですよぉ！　それは週プロというどうでもいいジャンルだったからこそやれたわけ。それが野球とかラグビーだったら協会とかからの圧力が凄いじゃない。自由にやれないわけですよ。

――週プロは創刊当時、売り上げ的にはどんな感じだったんですか？

山本　まず、いちばんラッキーだったことはとにかく新日本プロレスでスキャンダルが起きまくるんですよ。猪木スキャンダルが！（笑）。たとえば内部クーデターが起きて、アントニオ猪木、坂口征二、新間寿が追放されるというようなことが週プロが創刊したと同時にどんどん起こってくるわけですよ。でもライバル誌の『ゴング』はスキャンダルはノーでしょ？　プロレスというロマンをプロレスファンにいい形で伝えたいっていう、竹内宏介さんの夢があるからね。

――あくまで素敵なおとぎ話として伝えたい。

山本　そうそう。でも週刊誌っていうのはスキャンダラスなニュースがないともたないんよ。そのニュースを新日本が次から次へと、分裂だ、離脱だってゴタゴタが起きて、ゴタゴタの大河ドラマを頻発するわけですよ。

――山本さん、思うんですけど、週刊誌ができあがったことによってスキャンダルの数も増加したような部分はないですか？

山本　ある！

――深層心理に突き動かされるというか。

山本　週刊誌のサイクルが1年に50回あることによって、新日本もそれに釣られて巻き込まれるように「何かを起こさなきゃいけない」っていう衝動と不安に駆られていたわけですよぉ！（笑）。

――不安に駆られてスキャンダル（笑）。

山本　要するに週プロに追われるような格好になったんですよ！うしろから尻を叩かれている感じだよね。もともと猪木さん自身がスキャンダル好きだし、ゴタゴタ好きだから。それがないと猪木さんは退屈する人だから、どんどんゴタゴタを仕掛けてくるわけですよ。それはどういうことかというと、自分の配下のレスラーを煽って、その気にさせて部下同士をケンカさせるんですよ！　それがUWF、ジャパンプロレスとなっていくわけですよ。長州力、藤波辰爾、前田日明、佐山サトルといった自分の部下たちを分裂させることが猪木さんの最大の趣味だったんですよ。

――弟子たちに問いかけるわけですよね。「おまえはこのままでいいのか？」と（笑）。

山本　そう。俺は最近まで気づかなかったんだけど、ある大きな真実があったことがわかったんよ。猪木さんは日本プロレス時代に1回飛び出して、豊登にそそのかされて東京プロレスを旗揚げしたんだけど、すぐに潰されて挫折した。だけど我慢できないのでもう1回、新日本プロレスを旗揚げするでしょ。2回離脱したわけじゃん。あれこそが猪木さんの「破壊の精神」なんだよね。

――破壊の精神。

山本　それで新日本プロレスを作ったけど、馬場さんの全日本がNWAとの強固なパイプによって外国人レスラーをすべて押さえているから、新日本はしょっぱいレスラーしか呼べないっていうところから異種格闘技戦とかをやっていくっていう。そうした傍流路線、邪道路線を突っ走るわけでしょ。そうやっているうちにテレビ中継が絶大な視聴率を獲得し、IWGP構想をスタートさせたりもしたわけだけど、そのとき猪木さんは自分に退屈したんよ。

――あー、なるほど。

山本　だけど自分が作った会社を自らが飛び出すことができな

いわけよ。それこそが猪木さんにとって最大のジレンマだったんよ！

――悩める多動児（笑）。

山本　自分が作ったものだから飛び出すことができないというもの凄いストレスが猪木さんにはあって、じゃあどうしたかというと自分の分身を作ったんですよ。つまり佐山という分身、前田という分身、長州という分身というさまざまな分身を作ることによって、自分が佐山になり、前田になり、長州になるという、そういう快楽を得ることにしたんよ。自分ができないことを弟子たちにやらせることで、まるで自分がやったかのような気分になるわけですよ。

――その見立ては当たってるかも……！

山本　これが新日本がスキャンダルを起こし続けた大きな要素のひとつですよぉ！　猪木さんは自分が動くことができないから佐山に格闘技をやらせる、前田にUWFをやらせる、長州を全日本に行かせる。実際に猪木さんは前田に「おまえ、先に行っておけ。俺もあとから行くから」って言い、長州には「おまえ、全日本に行ってこい」って言っているわけですよ！

――維新軍の新日本離脱、全日本参戦は猪木さんの指示があったと言われていますよね。

山本　でもそれは全日本に行くときに指示されたんじゃないんですよ。おそらくそのずっと以前、維新軍をやっているときに猪木さんは長州にちらっとささやいていたんですよ。長州にしてみたら「おかしなことを言うなあ」って思っただろうけど、そこですでに猪木さんのなかでは伏線を張ってるわけ。それから数年が経ったときに、長州が「クソ、頭にきた！　こんな会社、出て行ってやる！」って出て行くでしょ。それは数年前の猪木さんの言葉を思い出して「あっ、俺は出て行ってもいいんだよな」って思ったからだよね。

「性格的に月刊のサイクルはかったるいわけですよぉ。週刊のあのスピード感こそが俺に向いてたんよ！」

――そういう選択肢もあるということを猪木さんが提示していたわけですね。

山本　そうして自分ができないことを長州にやらせているわけですよ！

――そうすれば自らは動かずして環境を変えることもできるし。

山本　そうそう。その証明として前田も新日本に帰ってくるわけですよ。長州も帰ってきましたよ。猪木さんは帰ってきた自らの分身と闘うわけですよ。そうして猪木さんは裏ではしたたかに笑っていたわけですよぉ！　俺は最近になってこのことに気づいたんよ。猪木さんがどれだけの確信犯だったのかって当時はわかんないもん。

――「猪木さん、苦しそうだな」って思ってましたよね。

山本　違いますよ！　鼻の先でせせら笑ってるわけですよ！

——じつはフル勃起（笑）。

山本　パチパチパチ！（うれしそうに手を叩く）。アントニオ猪木というのは大変なオヤジですよ、ハッキリ言って！　そう考えると歴史がもの凄くスッキリするんですよぉぉ！

——そうですね。かなり腑に落ちました。

山本　落ちた？（笑）。

——はい、ストンと（笑）。

山本　すべての犯人は猪木ですよ。でも、そこで誰も犯人は猪木だって思わないわけでしょ。佐山、前田、長州はあくまで本気でやってるから。

——自分の意志でやっていることだと思っていますからね。

山本　そう。のめり込んでやっているわけじゃん。「これは自分がいままでやってきたことの集大成なんだ」っていう感じで反・猪木にどんどん走るわけでしょ。それは猪木の罠にひっかかってるわけですよぉ（笑）。

——ということは『週刊プロレス』とはアントニオ猪木ですか？

山本　完璧な猪木イズムですよ！　杉山さんには杉山さんなりの、俺には俺なりの考えがあったんだけど、結局は猪木イズムのやり方に乗っかるというか、相乗りすることで『週刊プロレス』は成功に導かれたわけですよ。

——ということは創刊時から成功だったんですか？

山本　成功だった。最初は8万部でスタートしたんだけど成功だったね。

——月刊のときは何万部でしたっけ？

山本　4～5万部の間。

——それが週刊になって8万部になり、月4回。

山本　月で32万部。一気に30万部雑誌に跳ね上がったわけですよ。逆に言うと週刊は4回のスピードで儲かるか、4回のスピードで赤字を食らうかっていう大博打ですよ！

——そうですよね。

山本　回転が早くなるから。毎号ごとに赤字になっていたら4倍ですよ。だけど成功したら大儲け。だって最初は定価が250円とかだもん。とんでもない額ですよぉ！

——『FOCUS』とか『FRIDAY』が定価150円の時代に。

山本　だから創刊号から見ていくと全部が猪木だもん。全部が新日本だもん。新日本か前田日明かっていう、そういう路線で突っ走ってるわけですよ。だから前田は猪木さんからすると最高の分身だったわけ。それで週プロの部数はどういう歩みだったかというと大きなヒントがあるんよ。年末になると12月の最終号が20何日に発売されて、年始の次号まで2週間空くわけですよ。そのときに付録でカレンダーをつけるんだけど、そこで値段をあげて部数をバッと2～3万部上乗せするんですよ。たとえば8万部から10万部にするでしょ。そうすると翌年からは10万部が定期になるんですよ。そういうふうに年末ごとに部数がドンドン上がっていったんよ。

——年越しをするたびに。

山本　それで13万部になったときに杉山さんが編集部で記念パーティーをやったよね。垂れ幕みたいなのを作って。

——山本さん自身は週プロ作りに燃えていましたか？

山本　俺も性格的に月刊のサイクルだとかったるいわけですよぉ。非常にかったるくて間延びするわけですよ。締め切りが発売の10日前だとかさ、発売されたときにはもう別のニュースに変わってるじゃない。そんなのつまんないわけですよ！　でもそのサイクルは竹内さんの『ゴング』だといいわけですよ。1カ月ごとのサイクルで間を置き、溜めを作りながら夢を売っていくというさ。でも週刊誌のサイクル、あのスピード感こそが俺の性格には向いてたんよ！

——週刊を愛し、週刊に愛された男（笑）。週プロって校了した翌々日には見本誌ができてましたよね。

山本　2日後にね。月曜に校了して水曜の朝にはもうできてたんよ。それでおもしろいのがさ、週プロ編集部ってベースボール・マガジン社では鬼っ子みたいなものでしょ？　市民権がないわけですよ。

——市民権がない（笑）。

山本　いい大学を卒業して入社した人は野球とかに行くわけだけど、俺らは半端者ばっかりじゃない。なのに週プロが売れてくると、社内の人たちが週プロを取りにきて持って帰るんだよね。社員がいちばん持って帰った人気雑誌が週プロだったんよ。

——社内人気ナンバーワン。

山本　ナンバーワン！　やっぱり作ってる人間も頭がおかしくてさ、木曜日発売で水曜日の朝にできあがるでしょ。その前日の火曜日には刷り出しが出てくるわけですよ。表紙は表紙、カラーはカラー、白黒グラビア、活版とそれぞれが分かれてくるんだけど、その全部の刷り出しを集めて切って、自家製の本にするんよ。

——翌朝の完成が待てずに自分たちで製本するんですか（笑）。

山本　そう！（笑）。それで「本ができたー！」って快感に浸る部下がいっぱいいましたよ！　そういう情熱がみんなのなかにあったんだよね。

「宍倉次長が陰湿であることが組織的にはよかった。じつに効果的でうまくバランスが取れたんですよ」

——最高ですね。

山本　それで月曜日に校了すると、土日も働いてるから普通なら火曜日は休んでもいいんですよ。でも誰も休まないの。「もし出勤しなかったら、置いてけぼりを食らうんじゃないか？」っていうさ。

——小学校のときも休んだ日にかぎっておもしろいことが起きてたりしましたからね（笑）。

山本　「何が起こるかわからない」という恐怖と不安感で絶対

に出社するわけですよ。だから「週プロ編集部は休みがない」っていうのは俺の責任じゃないんですよ。

――365日のうち、休みって何日くらいだったんですか？

山本　ほとんど皆無！　だからあそこでは風邪をひいたりだとか病気することが悪ですよ。風邪なんかひくヤツはショッパイ！　それで少人数だからひとりひとりがやることも多いんだけど、それはすなわち任せられるものも多いってことだから充実しているわけ。

――そこを「充実」と感じていたわけですね。

山本　任されているっていうのはそうじゃん。だから編集会議は宍倉（清則）次長が仕切るわけだけど、台割を作りながら各記事の担当を決めるとき、普通なら仕事を増やしたくないから自分の担当ページは少ないほうがいいわけですよ。でも、みんなして自分のページを取り合ってたんですよ！

――それは聞いたことがあります。自分がほかの編集部員よりも多くページを書きたがるっていう。

山本　自分が担当する団体のページをいかに取るかっていうことで目を光らせてるわけですよ！　できるだけ前のページをやりたいとかさ。だけど宍倉次長っていうのはちょっと陰気なところがあるでしょ。それがよかったんだよね。

――暗いことがよかった？

山本　陰湿であることがよかった。

――陰気じゃなくて陰湿だとまたちょっと意味合いが変わってきますが……（笑）。

山本　市瀬（英俊）くんとか部下たちに対しての圧力が働いたんよ。みんなも次長には何も言えない。だから俺はいちばんいい人間を次長に選んだんですよ。編集会議でいつも俺が「何かアイデアない？」って言うでしょ。いいアイデアっていうのはじつは下っ端のほうが持ってるんですよ。それで下っ端が思いついたアイデアを提案すると、次長がバッと睨みを利かせてそれを潰しにかかるんですよ。

――出る杭を打つ（笑）。

山本　次長は格式を重んじるので「おまえはまだその立場にはない」みたいなさ。

――「何を大技を出そうとしてるんだ？」と（笑）。

山本　そうそう（笑）。俺はそういう次長の睨みがいちばん嫌いだったんよ！　いいアイデアに上下関係とかポジションなんか関係ないじゃない！

――飛び級上等だと。

山本　なのに次長はあくまでも格式を重んじるということで圧力をかけていた。でもそれが逆によかったんよ。

――山本さん個人としてはノーだけど、組織としてはよかったと。

山本　宍倉次長を置いていたことは組織的にはじつに効果的でうまくバランスが取れたんですよ。みんな次長の前ではハメを外せない、無茶ができない。

――ターザン山本が猪木さんで、宍倉さんが坂口征二みたいな感じですかね。

山本　そうそう（笑）。だから坂口さんはよくUWF軍団に「レガースを外せ」とかって言ってたでしょ。

――あるいはレガースを隠したり（笑）。

山本　そういった意味では次長がそういう役割を演じてくれたことで、俺はもの凄く助かったよね。そういう部分に対して俺は知らん顔をしてたけど、そのぶん次長のことは高く評価してたよ。

――山本さんが二代目編集長になるのはいつですか？

山本　1987年3月。200号くらいのときだったかな？　創刊して4年くらい。

――杉山さんが編集長の時代が4年あったんですね。

山本　だけど当初から実務は俺がやってたから。第二編集長みたいなシステムだよ。

――杉山さんは火元責任者というか。

山本　そうそう。杉山さんは神棚にあがっていて、俺が現場の第二編集長みたいな形でいいバランスだったんよ。俺は仕事をするということは宮仕えだと思ってるから。

「杉山さんが格闘技雑誌を作ると言ったとき、『これは間違っているな……。杉山さんは失敗する』って思ったんよ」

――じゃあ、さっきの編集会議の話とかは山本さんが編集長になる前からそういう体制ができあがっていたんですね。

山本　そうそうそう。

――そこから名実ともに編集長になったときはどんな感じだったんですか？

山本　前にも言ったと思うけど、俺は編集長になろうっていう意志はまったくなかったの。そういう野望とか希望というのはなく、とにかく自分は杉山さんを社内で出世させるためだけにやるということで、竹中半兵衛のような軍師の役割をしていたわけですよ。だけどおもしろいことが起こったんですよ。杉山さんはどちらかというと思想的にも本質的にもプロレス派じゃないんですよ。格闘技派なんですよ。

――そうですよね。

山本　ちょうどその頃、シーザー武志さんがシュートボクシングを作る、東孝さんが大道塾を作るっていうさ、格闘技がひとつのジムとしてやっていたものから世に出て行こうっていう流れが生まれてきて、それが広がりつつあったんですよ。それで杉山さんはUWFをプッシュしていたときに格闘技のほうにそういう動きがあるということを察知したわけ。

――そして格闘技の新たな動きに興味を持ち始めたと。

山本　あの人はどこまでいってもプロレスのプライオリティは下にあり、格闘技が上位概念にあるので、週プロのなかで『格闘技通信』っていうのを増刊号で出したわけですよ。それで創刊号は「プロレスって言葉が嫌いな人この指と～まれ。」で前田日明が表紙のやつね。あのキャッチ自体がもう杉山さんの二重構造的じゃない。プロレスで出世してきたんだけど、プロレス自体にはそんなに執着もこだわりも愛もあったとは言えないというさ。そこから杉山さんは格闘技にスライドしていくわけですよ。カール・ゴッチの関節技の技術とか、佐山やシーザー武志の打撃技とか、大道塾の東先生の生き方みたいなところに傾倒していったんよ。

――週プロにいながら格闘技担当みたいになっていったわけですね。

山本　それで松浪健四郎さんに格闘技の歴史を語らせる連載とかを週プロのなかでどんどんやることになってね。まあ、それはUWFを正当化するための戦略でもあったんだけど、杉山さんには『格闘技通信』を増刊という形から独立させて月刊誌にしようっていう欲望があったんよ。まずは増刊号で出してそこから定期化させる、その時点でもうプロレス離れが働いていたんですよ。

――どっぷりと格闘技に傾倒していたと。

山本　それと杉山さんの読みとしても「プロレスは大衆娯楽としてはウケるけども、最終的に日本に定着するのは真剣勝負の格闘技だ」という考え方だったんだよね。

――そういう思想が杉山さんのなかで生まれ、山本さんに週プロ編集長の座を譲ったと。

山本　それと同時に、その頃は猪木さんが糖尿病になったりとか身体が弱ってきたりしていた時期で、猪木神話が下降し始めたんですよ。猪木ひとりのファイトですべてを納得させることができなくなったから佐山とか前田が出てくるわけでしょ。アントニオ猪木の下降とともに新日本の人気もやっぱり弱まってきてテーマがなくなっていたわけですよ。

――週刊誌にとっては痛いですね。

山本　そこで週プロの売り上げも頭打ちとなったわけですよ。それで杉山さんが「よし、こっちに行こう！」ってことで格闘技に走ったんよ。そのときに杉山さんが俺に「キミはプロレスが好きだし、よくわかっている。だけど俺はそうじゃない。だから格闘技のほうに行って、週プロ以上の格闘技雑誌を作ってベースボール・マガジンをもう1回救うから、キミはプロレスのほうでがんばってやってくれ」と。

――実際にそういう会話があったんですね。

山本 あった。でも俺はそのときに「これは間違っているな……。これは杉山さんは失敗する」って思ったんよ。だって格闘技にはファンがいないけど、プロレスには山ほどファンがいるわけでしょ。要するに読者が。

――現実的にはそうでしたよね。

山本 だけど杉山さんにはプロレスへの愛着がなかったので、ちょうど飽きてきていたんだよね。それで俺に編集長の座を譲って任せたみたいな。

――ただ、山本さんが引き継ぐことによって週プロのさらなるブレイクが見込まれるっていう読みも杉山さんのなかではあったんじゃないですか？

山本 いや、杉山さんのなかでそれはない。ただ自分がもうプロレスに飽きたからですよ。「プロレスはもうここまでだ」と。人気も一度最高潮となり、今後は可能性のかけらもないと。「だから次は格闘技の時代が来る」っていう杉山さんの予感は当たったわけよ。UWFが成功したことで格闘技に対する手応えは抜群なんですよ。

――でも、それが雑誌の売り上げには繋がらない？

山本 そこはまったくリンクしないんよ。だって格闘技雑誌が週刊誌になるのはありえないでしょ？　格闘技雑誌はジムとか塾の生徒が買うものですよ。『近代柔道』だって発行部数は3万部とかだったから。

――全国の柔道人口を考えたらちょっと開きがありすぎますね。

山本 彼らが全員『近代柔道』を買って100万部雑誌になるかっていったらならないもん。

「前田が長州の顔面を蹴って追放される。第2次UWFがスタートする。そこから俺の編集長時代がスタートするわけですよぉ！」

――そうですよね。じゃあ、週プロで真っ先に格闘技に走ったのは杉山さんだったんですね。

山本 格闘技に最初に目をつけたオピニオンリーダーは杉山さんなんですよ。前も言ったようにUWFは間違いなく杉山さんなんですよ。もうひとつ、杉山さんの根底にあったのは「プロレスはサブカルチャーではなくカウンターカルチャーだよ」と。そういう認識のもとにプロレスを考察していたわけですよ。だから次なるカウンターカルチャーが格闘技だったわけだよね。で、ここでオチがあるんですよ。杉山さんは『格闘技通信』を作ったうえにもうひとつ雑誌を作ったんですよ。

――なんでしたっけ？

山本 健康雑誌。

――健康？　ベースボールからですか？

山本 そう。身体の美しさとかファッションとか、健康に関するジャンル改革みたいなものを企画したんですよ。とんでもないことを考えたよね。要するに小学館や集英社とかがやっているようなものに挑戦しようとしたわけですよ。だけど、それをやるには優秀なスタッフとかデザイナー、ライターが必要なわけでしょ。でもベースボール・マガジン社にいるわけないんですよ（笑）。

——むしろ不健康なヤツしかいない（笑）。

山本　そうそう！（笑）。それなのに会社に企画を出したら、それまで杉山さんは成功し続けてるから通ったんよ！　その雑誌のタイトルは『HUMAN BODY』。

——ああ、ちょっと記憶にないですね。

山本　どう見てもスタッフの差で大手出版社にはかなわないわけですよ。カネもかかっていないから誌面もちょっと貧乏くさいし。結局、それは杉山さんのひとり相撲でポシャったんよ。その失敗から杉山さんは下降していって、広告とかの営業の部署に行っちゃうんよ。

——編集から離れちゃったんですね。

山本　だけど杉山さんはどこに飛ばされようが呑気に生きてるわけですよ！（笑）。

——要するに興味のないプロレスを使って週プロで大成功をおさめたあと、本当に自分が興味のあるものに走ったわけですよね。

山本　だからベースボールを辞めたあとに自分で『武道通信』を作ったでしょ。そういった部分で杉山さんのなかでは整合性がずっとあるわけですよ。

——杉山さんにとってはプロレスを扱っていた時期だけが自分らしくなかったというか。

山本　でも俺にはプロレスしかないもんね。それでそれからUWFが新日本に帰ってきた。長州も戻ってきた。新日本がふたたびゴチャゴチャしてカオスになった。そしてまたモメる。

——またモメる（笑）。

山本　前田が長州の顔面を蹴る、追放される。第2次UWFがスタートする。そこから俺の編集長時代がスタートするわけですよぉ！

——スキャンダルを愛し、スキャンダルに愛された男（笑）。山本さんは団体やレスラーとはうまくやれていたんですか？

山本　まったく付き合わない！　いっさい接触しない！　なぜかと言うと、トップ同士が接触してメシを食ったりすると宿命的に向こう側につかなきゃいけなくなるんよ。そうすると自分で考えていることが誌面で展開できなくなるわけですよ。だから取材以外では絶対に付き合わなかった。長州とか天龍、前田もそうだけど、「おまえ、俺と一緒にメシを食っただろ！」っていう感覚になりがちなんよ。盃を交わした気分になるんですよ。

——「なのに批判するとはなんだ！」っていう。

山本　そこで彼らは怒り狂うんですよ。あるいはよその団体を取り上げても「なんだコイツは！」ってなるから、俺は絶対にトップの連中とは接触しなかったね。この接触しないっていうのは『週刊ファイト』の井上編集長イズムなんですよ。東京に編集部があったら記者会見とかに頻繁に取材に行くからやっぱり親しくなるわけですよ。でも井上編集長は大阪にいて会見には行ってないから、秘境で好きなことを書いているわけですよ。そのイズムを俺は踏襲してたんだよね。

――東京にいながらにしてそのイズムを貫くのは大変そうですね（笑）。

山本　東京で接触を持たずに誌面で好きなことを書いてるわけですよ（笑）。でも会ってないから文句も言われないし、現場に行くのは部下でしょ。だから部下たちが文句を言われるんですよ。「おたくの編集長はなんなんだ！」と。そういった意味で向こうは見えない恐怖に駆られていたと思うよ。

――「姿は見せないが、どうやら俺たちのことを見張ってるらしい」（笑）。

山本　それで俺はインディーの変なヤツとかを突如表紙にしたりするじゃない。本が売れてくると「週プロに載らないとチケットが売れない」みたいな現象が起きたので、こっちも彼らを無下にも扱えないから。それがもう大手にとってはめちゃくちゃジレンマですよ！「なんで大仁田を応援してるんだ！」ってなるわけよ。

――でも機関誌じゃないんだから、そう言われる筋合いはないですよね。

山本　だから俺、部下たちにも『週刊プロレス』は独自路線を行くんだからライバルとなる雑誌、新聞の記者たちとも絶対に話をするな！　付き合うな！」と言ってさ。

――その話は聞いたことがありますね。だから当時言われてたのは「週プロの連中は挨拶をしても返さない。礼儀がなってない」と現場ではそう叩かれていたわけですよ（笑）。

山本　もちろん叩かれますよ！「いったいどういう教育をしてるんだ！」って（笑）。

――そういったターザンイズムの対極にいるのが長州力ですよね。集団行動、団体行動の人ですから。

山本　集団を徹底的に管理して、自分の管理からちょっとでも外れた人間、たとえば橋本真也や西村修のことなんかが大嫌いでしょ。だから俺も長州から2回呼び出しを食らったんですよ

おおお！

ターザン山本！（たーざん・やまもと）
1946年4月26日生まれ、山口県岩国市出身。元『週刊プロレス』編集長。立命館大学を中退後、映写技師を経て新大阪新聞社に入社して『週刊ファイト』で記者を務める。その後、ベースボール・マガジン社に移籍。1987年に『週刊プロレス』の編集長に就任し。"活字プロレス""密航"などの流行語を生み、週プロを公称40万部という怪物メディアへと成長させた。

ベレー帽をかぶってる人って意外と怖い人多いよね。わかる。

だから
頭に来て
用を足してる間ずっと
じょろ
じょろ
じょろ
じょろ
じょろ
じょろ

精一杯おっかない顔で睨んでたんですよ
ギロ

バカだな
何やってんだよ

じょろ
じょろ

しばらくしたらこっちに気づいて
じょ
キョドってたんで

ますますにらんでやったんです
じょろ
じょろ
じょろ
お前やばいぞ
おしっこもらすぞ
おしっこしてたからいいけど
しかたないんで

あいつはこっちが押されても何も感じない人間だと思ってんですよ
だから
押されたら腹を立てる人間だって
教えてやんなきゃいけないんです

そりゃこっちがスマホ見ながら歩いてて邪魔だったかもしれないけど
ぐいっ
「ちょっと」とか「どいて下さい」とか一言あったっていいじゃないですか

そしたらどうなったと思います？
知るか
スマホ歩きが原因か

そいつがにらみ返して来たんですよ
ギン

そしたらビビッてしまって

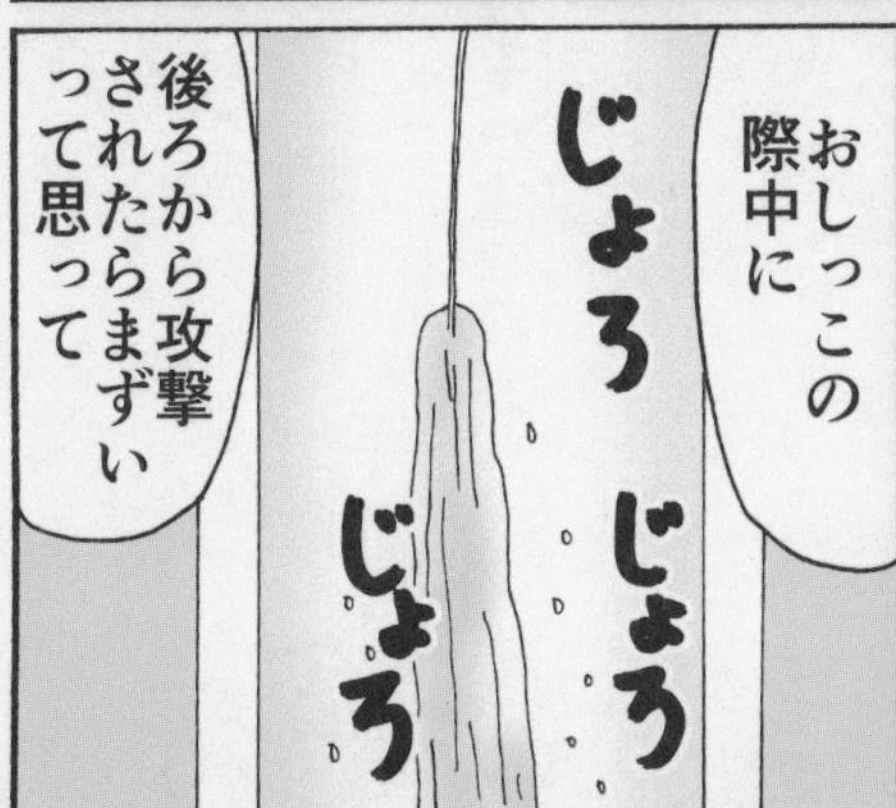
おしっこの際中に
後ろから攻撃されたらまずいって思って
じょろ　じょろ　じょろ

おしっこ途中でやめて帰りました

だからちょっともらしてしまって……
きたねえな

（つづく）

第28回 目玉が3つのカバ

ビーバップみのる

ビーバップみのる
(びーばっぷみのる)
1975年生まれ。AV監督。

最近はFXチャートの画面を凄く見ています。専業トレーダーで食っていけることを目指してなんとなく見ていますが、なんとなく見ているのでチャート画面を見ていてもよくわかりません。未来がまったく見えませんが、とにかくチャート画面を見ています。このコラムを書いているいまもチャート画面をチラチラ見ながら書いています。チャート画面ばかり見る生活なのでコラムに書くようなエピソードがないと思いましたが、書けそうなことを思い出したので書いてみます。

先日、公衆便所に入り大の扉を開けたら先に大をしている人がいました。鍵をかけ忘れて大をしていたようです。扉を開けた私は悪いとは思いませんでしたが「すみません」と謝って扉を閉めました。扉の向こうから舌打ちが聞こえました。公衆便所で大をしそこなった私は公園近くのコンビニでトイレを拝借しました。スッキリして雑誌コーナーを通ったら先ほど鍵をかけ忘れて大をしていた男性がいました。悪いと思っていませんが「さっきはすみません」と心の中で謝りながら男性の横を通ったらふたたび舌打ちされました。怖かったので急いで家に帰りました。そんなことがありましたが、このエピソードだけじゃ2ページを埋める文字数に達していないので困りました。困ったのでこんな寓話はどうでしょう。

タイトル『目玉が3つのカバ』

ある日、池を泳いでいたカバが右の目玉を落としてしまいました。大事な目玉を落としたカバは残った左目を見開いて右目を必死に探しました。大きなカラダをバタバタさせて必死に探しましたが、必死に探せば探すほど池の底の砂やゴミが巻き上がり、池はどんどん濁り視界が悪くなりました。

バタバタと暴れるカバに鳥が尋ねました。

「カバさん、どうしたの？」

カバは言いました。

「池の中に目玉を落としちゃったんだ」

鳥は言いました。

「それは大変だ。でもキミが大きなカラダでバタバタすると池の水が濁って落とした目玉を見つけづらいでしょ。水の濁りがおさまるまで少し落ち着きなよ」

カバは言いました。

「大切な目玉を失くしたんだ！　落ち着いてなんていられないよ！　キミと話している時間はないよ。ほっといてくれ！」

鳥を追い払ったカバは、ふたたび濁った池の中に顔を埋め大きなカラダをバタバタさせながら大切な目玉を探しました。しばらくするとカエルがやってきました。カエルも鳥と同じことをカバに伝えましたが追い払われました。バタバタと暴れるカバの足をよけながら帰ろうとしたカエルは大変な事実を見てしまいました。カバは自分の足で大事な目玉を踏んづけてしまっていたのです。カエルは悲しい事実をカバに伝えるべきか悩みました。自分で判断がつかないカエルは鳥に相談しました。「カバさんに伝えたほうがいいかな？　それとも放っておいたほうがいいかな？」

鳥は言いました。「それを伝えたら悲しむだろうな。カバさんが傷つかない方法はないかな？」

カバと鳥は悩みましたが、カバを傷つけない方法が思いつかず「正直に伝えよう」とカバの元に向かいました。バタバタと暴れているカバにカエルが言いました。

「カバさん、キミは目玉を自分で踏んづけちゃってるよ」

ショックを受けたカバはカバーっとひっくり返り池の中に沈んでいきました。

鳥は「バタバタせずに水の濁りがおさまるまで静かにしていればよかったんだよ」とは言いませんでした。カバがひっくり返った際に起きた大量の水しぶきが直撃してしまい、池の中に落ちてしまいました。羽をバタバタさせて溺れないようにすることに精一杯になりました。カエルは池に沈んだカバと鳥を助けようと思いましたが、自分よりカラダの大きいカバと鳥を助けることができないもどかしさに小さな手足をバタバタさせることしかできませんでした。

しばらくすると、カバがカバーっと池の中からカラダを起こしバタバタしている鳥を助けました。三者三様にバタバタしたカバと鳥とカエルは現状を認識するためにしばらく放心状態になりました。

最初に口を開いたのはカエルでした。

「カバさん、ボクには力がないけどキミの目になることはできるから元気出して」

カバは言いました。

「カエルさん、ありがとう」

鳥は言いました。

「カバさん、ボクもキミの目になるよ」

こうして目玉を落としたカバの目は3つになりましたとさ。なんて話は存在しないのですが、人にやさしくなりたいですね。

2/14 マッスル坂井と真夜中のテレフォンで。

今回のノアの発表があったあと、じつは何人かのレスラーから『俺、坂井くんがノアかDDTの社長になるっていう噂を聞いていたんだよ』っていう話をされたんですよ（笑）。

構成：井上崇宏

「俺らがいま話してることって拳王の週プロコラムと変わらなくないですか？」

――きのう、武田さんにインタビューしてきましたよ。

坂井　武田さんってノアの武田さん？

――ノアの武田さん。やっぱりちょっとスッキリしてましたね。

坂井　晴れ晴れとしてました？

――だいぶ（笑）。

坂井　ああ、よかったですね。武田さんはもともと企画とかソフトを作る人ですよね？　本来は団体経営の人ではないのに、社長をやっていたことで余計な心配も多かったでしょうね。

――そうそう。ただ、半年ほど社長業をやったことは確実に自分の中で力になったって言ってた。でもサイバーエージェントの傘下に入る前のノアの窮状というのは、私は正直あまりよく知らないんですよ。知ってた？

坂井　いやいや、俺はそのへんに関してはいっさい何もしゃべるなという秘密保持契約みたいなものにサインしましたからね！　この件に関してはいっさいしゃべりません！（キリッ）。

――突然のめっちゃ約束を守る人アピール！（笑）。

坂井　でも、ノアだから今回のようなマジックが起きるってことですもんね。ノアほどの団体だからこそ、とんでもなくいいことも、逆に悪いことも起こりうるってことですよね。そして一発でカムバックするチャンスもあるしっていう。すげえなあ。

――経緯を聞いたら、高木さんががんばって動いていたらしいね。

坂井　いや、ノアがサイバーエージェントグループになるっていう発表があったあと、じつは何人かのレスラーから「俺、坂井くんがノアかDDTの社長になるっていう噂を聞いてたんだよ」っていう話をされまして（笑）。

——ええっ？

坂井　「だから高木さんと坂井くんがそれぞれどっちかの社長をやるんだと思ってた」みたいな。そんなわけないんですけど（笑）。

——それはちょっと嫌な噂だな。

坂井　嫌でしょう。でもそんな話が来たら一瞬悩みません？

——悩むかなあ。やらないでしょう。

坂井　いやいやいやいや。「ノアの社長をやってほしい」って持ちかけられたら考えません？

——まあ、そりゃ一瞬だけシミュレーションはするよ。

坂井　でも、「いやあ……」ってなりますよね。

——なるなる。

坂井　ほかの仕事のこととかを考えたり。それで「やっぱ絶対に無理！」ってなりますよね。

——それで、そんな根も葉もない噂話を後日談として聞いて、その帰り道で考えたの？

坂井　いや、それは考えないですよ（笑）。

——だってそんなこと言われたらさ、「いや、もし俺が社長になっていたとしたら……」ってそれこそ一瞬考えない？（笑）。

坂井　正直考えましたよねえ……（笑）。

——そりゃ考えるよ（笑）。で、やるならどっちがいいと思った？

坂井　ノアの社長とDDTの社長？　う〜ん……。でもハッキリ言っていいですか？　ノアの社長のほうが給料が高そうじゃないですか。で、そうなると「あんた、両方もらってるってことなんかい！」ってなりますよね（笑）。

——高木さん？（笑）。でも、そこはさすがに単純な足し算ではないんじゃない？

坂井　じゃあ、たとえ満額じゃないとしても、1・5倍、1・75倍くらいにはなってるのかなって思いますよね。しかし俺らがいま話してることって拳王の週プロコラムと変わらなくないですか？

——読んだことないけど（笑）。

坂井　読みなさいよ、ホント。

——でもさ、今回は男の友情なのか、高木さんが武田さんに「ちょっとボクに話を預けてください」って感じで動いた話みたいなんだけど、そうして実際に武田さんというかノアを救ったわけですよね。でも私なんかは見ていて、今回は高木さんも救われたんじゃないかなっていう。

坂井　それはまたどうして？

——っていう気がしません？　だってなんていうか、高木さん個人としての先々のキャリアの積み上げ方を考えたら。

坂井　そうですよね。

「これは武田さんがすぐにノアを辞めるっていう確率が俄然高まりましたね」

——だから高木さんにとってもいい話だったんじゃないかなと。

坂井　俺も変な話ですけど、たとえば親会社からの目線で考えてみたら、仮に売り上げが5億の会社と5億の会社があったとしたら、ブランドを分けたまま10億の会社にしたほうが絶対にリスクは減ると思うんですよね。今回も高木さんはフロント業務というかスタッフ業務をシェアして、プラットホーム的なことでスタッフとかのインフラ部分を共通して、ブランドは2つのままでってことをおっしゃっているじゃないですか。それは極めてまっとうだなと思うし。たとえサイバーエージェントだとしてもプロレス団体を5億から10億の会社にするのってめっちゃ大変で、けっこうな壁じゃないですか。往々にしてその時点で赤字化する可能性がおおいにあるんですよ。なので効率よく売り上げを上げるためには連結決算していくっていうのがいちばん有効ですよね。

——はいはいはい。

坂井 基本的にサイバーエージェントっていうのはM&Aで大きくしていく会社ではないんですよ。内部成長というか企業内のスタッフに起業させる、いわゆる社内ベンチャーですよね。あとはセクションを大きくすることでやってきていて、基本的にほかのIT企業とかと比べたらほぼM&Aはしてこなかったなかで、指で数えられる程度の買収劇の中にDDTがあったんですけど、正直それってM&Aのうちには入らないと思うんですよ。だけどプロレス団体っていうのは極めてやっている仕事の内容というか、作ってるモノとか売ってるモノが特殊なので、そう考えたら、こうしてブランドがたくさんあることは単純にゲームソフトが2つになるようなものですよね。その感覚なんじゃないかなと思って見ています。要するにドラクエとファイナルファンタジーを同じ会社で作ってるみたいな感じじゃないですか。

——なるほど。得心した!

坂井 想像ですけどね。それを高木さんは高級時計のブランドにたとえて俺に話してくれたんですけど全然わかんなくて(笑)。

——「違うブランドだけど、じつは内部の部品は一緒なんだよ」みたいな(笑)。

坂井 そう! それ!(笑)。藤田社長と高木さんと武田さんあたりは時計たとえで話が通じると思うんですけど、俺たちに言わせればバンダイナムコであり、スクエア・エニックスであり、角川グループでたとえたほうがしっくりきますよね(笑)。でも高木さんにとってもよかった話だったんじゃないかってことで言うと、高木さんってマジで死ぬほど強運の持ち主ですよね。

——いや、たしかにそれはそう。

坂井 何を捧げた代わりにその強運を得てるんですかね? 常に得ているものがデカイから、俺は絶対に何かを捧げてると思ってるんですよ、マジで。あれはちゃんと何かに祈りを捧げているはずです。

——神がいるんだ。

坂井 いるとしか思えないというか、いると信じたい! 一方的に何かに愛されてますよ。

——エンタの神様に(笑)。エンタメを愛し、エンタメに愛されてるんだ。いいね、そういう人って。

坂井 ちょっといいですよね。

——高木さんって常に動いてるもんね。

坂井 動いてますねえ。あとはやることが決まっている感じがしますよね。

——自分の型を持っているというか。

坂井 型を持ってる。でもプロレス界とかノアの人たちを見ていると、つくづく自分たちってだいぶ歳が上のほうなんだなって気づきますよね。

——だって武田さんが私とタメだから。

坂井 あっ、そうですか?

――でも武田さんがノアの社長になったときは遠目で心配してたの。もともと俺らなんて責任を取るようなキャラじゃないんだから。しかも武田さんなんてスーパー多動児だからね。

坂井　そうなんですか？

――だって新日本に2回出戻ってるんだよ。

坂井　たぶんもう1回戻りますよね（笑）。これから新日本に、旧全日本が全日本とノアに分かれたときぐらいの分裂が起こったら戻りそうですよね。私は新日本分裂はあると思っていますけど。

――えっ、なんでなんで？

坂井　猪木さんがこのあと引っ掻き回す気がしますね（笑）。

――猪木さんはもうやらないだろう！（笑）。

坂井　いや、最後のひと引っ掻き回しがあると思います。

――ひと引っ掻き回し（笑）。今号でターザンがおもしろいことを言っていて、佐山がシューティングに走ったり、前田がUWFを作ったり、長州が全日本に行ったり、前田がUWFを作ったりっていうのは「全部猪木がやりたかったことだったんだ」って言ってて。

坂井　あー、なるほど。

――でも猪木さんは自分の団体を捨てるわけにはいかない、なので自分の分身たちにやらせることで快楽を得ていたっていう。

坂井　その弟子たちの成功を見て、本来なら自分がこうなっていたんだっていうね。たしかに自分の道場で育てた弟子たちだから、そういう気持ちはあるかもしれないですね。弟子のほうはそんなことは思っちゃいないかもしれないけど。

――本人たちはあくまで自分の意思でやっていると思って動いてるんだけど、きっかけはすべて猪木のささやきがあったからこそだという。

坂井　あるな～。あるね～。だからこれは猪木さんによる最後のひと引っ掻き回しがありますよ。自らが持つスポンサー筋に声をかけまくって何かが動くっていうパターンがありますよね。

――その最後のひと引っ掻き回しって、猪木さんはどんな人なんだよ（笑）。でもひとつ言えるのはレスラーって安定が苦手じゃん。

坂井　いや、そんなことはないと思いますよ。常に安定を求めてますよ。

――いや、安定を求めてるんだけど、いざそうなったらそこにじっとしていられなくなっちゃうんだよ。

坂井　たしかにボクらが「この人はレスラーだな」と思ってる人ってみんなそうですよね。じゃあ、武田さんがすぐにノアを辞めるっていう確率が俄然高まりましたね（笑）。

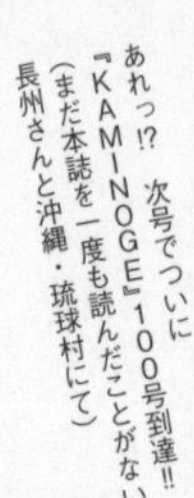

あれっ!? 次号でついに
『KAMINOGE』100号到達!!
（まだ本誌を一度も読んだことがない
長州さんと沖縄・琉球村にて）

次号KAMINOGE100は2020年4月5日（日）発売予定！

KAMINOGE 99

2020年3月16日　初版第1刷発行

発行人
後尾和男

制作
玄文社

編集
有限会社ペールワンズ
（『KAMINOGE』編集部）
〒154-0011
東京都世田谷区上馬1-33-3
KAMIUMA PLACE 106

WRITE AND WRITE
井上崇宏
堀江ガンツ

編集協力
佐藤篤

アートディレクション
金井久幸［TwoThree］

デザイン
TwoThree

カメラマン
タイコウクニヨシ
橋詰大地
池野慎太郎

編者
KAMINOGE 編集部

発行所
玄文社
［本社］
〒107-0052
東京都港区高輪4-8-11-306
［事業所］
東京都新宿区水道町2-15
新灯ビル
TEL：03-6867-0202
FAX：048-525-6747

印刷・製本
新灯印刷株式会社

本文用紙：OK アドニスラフ W A/T 46.5kg